曾国藩

管理日志

国学管理日志系列⑤

陶　林◎编著

ZHEJIANG UNIVERSITY PRESS
浙江大学出版社

目 录

三月　学习，诸子可为师

四月　处世，倚人而起

五月　择才，广收慎用

六月　用人，奖其长规其短

七月　雄韬，躬身入局

八月　谋略，清神意平

九月　决事，且挺且韧

十月　领导，胸襟宽阔

十一月　致胜，补天塞河

十二月　立德，倚天照海

前　言

　　曾国藩(1811—1872 年),晚清时湖南湘乡荷叶塘人(今湖南省双峰县荷叶乡太平村),生于一个耕读传家的传统知识分子家庭。乳名宽一,学名子城,20岁时自取号涤生,23岁考中秀才,24岁考中举人,28岁会试中第三十八名贡生,试后改名国藩,同年殿试考取三甲第四十二名,赐同进士出身,开始官宦生涯。30岁时授清廷翰林院检讨,开始记日记,自此终生不辍。31岁时,用心学习传统理学,此后十年间十次升迁,从翰林院侍讲学士直至兵部左侍郎。41岁时,洪秀全在广西桂平金田村发动太平天国起义。42岁时,回家奔母丧。43岁时,接到清廷帮办湖南团练旨,受好友郭嵩焘的劝说,出山创办湘军,以抵御太平天国军。44岁时,正式发布《讨粤匪檄》,出兵征讨太平军。初出兵,即兵败靖港,投水自杀获救。45岁,又被太平军翼王石达开大败于鄱阳湖口,自杀未遂。46岁,率领湘军进入江西省境内被困,第二年,因其父去世,回家奔丧,脱离江西困局,居家反思。48岁再度出山,重振旗鼓。50岁,兵败被困于安徽祁门县大营,生死一发。51岁,创办了安庆军械所,制造西式武器,开始中国近代化工业制造的起航,随后,又制造了中国第一台蒸汽机、蒸汽轮船。52岁,他的门生李鸿章创办了淮军,其幕僚左宗棠入浙江创办了楚军。53岁,邀请容闳并携六万八千两白银赴美国采购机器。54岁,率领湘军攻入天京,平息了持续十四年之久的太平天国起义。取得胜利后不久,屡拒友人、部将"劝进"的要求,题下"倚天照海花无数、流水高山心自知"联,自剪羽翼,解散了湘军。55岁,授命李鸿章创办江南制造局和江南造船厂,拉开了洋务运动和中国机器工业发展的序幕。56岁起,受命镇压捻军起义,最终"师老无功"。60岁起,担任直隶总督,处理"天津教案",顶住法国的压力与之周旋,却引起全国舆论的指责。同年秋天起,赴南京处理两江总督马新贻被刺杀的"刺马案"。62岁,连上五书,要求清廷向美国派遣小留学生,选拔幼童到美国生活留学,此举拉开中国近代大举留学西方的序幕。同年底,因突发脑溢血,于南京两江总督府内逝世——大略了解一下曾氏的生平,有助于更好地阅读和理解本书。

曾国藩是晚清重臣,是所谓的"同治中兴"的第一名臣,也是享誉一时的文学家、军事家、伦理学家和思想家,更是一位终生进行管理实践的管理学家。他的管理伦理思想,极富儒家学说的特色;同时他的人生经历和体味,也带有极其浓厚的大历史转型期的痕迹。对同样处于历史大转型期的今天,其文化和管理事业具有重大的参考意义。

曾国藩一生恪守着传统儒家所谓的"臣道",重于做实事,不轻易参与"清议"的争论中,所以在历史的长河里,他始终保留着一个沉默寡言的形象。这点,就是后代史家所美誉的"无言事功",这使得很多人知道他,也知道他的《曾国藩家书》,却不清楚他真正为民族事业做过些什么。这不奇怪,纵然曾国藩本人自己也说不清楚,他如何恪守着最古老的儒家训诫,做的却是历史文化大转型期最实在的事。而他本人的影响力不是"无言"所能遮蔽的,他对其后的历史和历史人物如李鸿章、梁启超、章太炎、袁世凯、蔡锷、蒋介石和毛泽东等的影响都是非常巨大的。他所开创的洋务运动奠定了中国近现代工业化、现代化的基础,他开创的文人带兵方式影响了身后所有的军事将领,他开创的"湘军私属武装"为后来中国的军阀混战提供了办军割据的范本,他遗留的"天下有事、东南自保"训诫直接架空了清廷腐朽的统治……更重要的是,他"重实干、轻争论"的建设方案,能够跨越百年,直接构建并影响着我们现在现代化转型的生活。所以,对于我们,曾国藩不仅仅是一个遗留了家书训诫的死者,更是一个无所言却无不在的智慧象征。不能认识这一点,也就无法理解曾国藩对于现代中国管理思想的重要意义所在了。

史学界中,梁启超最早把曾国藩拔高到了极致,他说:"曾文正者,岂惟近代,盖有史以来不一二睹之大人也已;岂惟我国,抑全世界不一二睹之大人也已。吾以为使曾文正生今日而犹壮年,则中国必由其手而获救矣。"梁启超对清廷的官员基本抱有否定态度,却独独推崇、肯定曾国藩,足可见他对其思想的认可。而毛泽东曾盛赞曾国藩是古人中"办事"兼"传教"的重要"厉害"人物，蒋介石把曾国藩当做老师和榜样学习："曾氏标榜道德，身体躬行，以为一世倡，其结果竟给变异风俗，挽回颓靡……而其苦心毅力，自立立人，自达达人之道，盖足为吾人之师资矣。"可见领袖级的管理者对于曾国藩其人其言其行，也是非常推崇的。

本书重点选取了曾国藩有代表性的格言警句，采取日志的形式对曾国藩重要的管理思想进行梳理和总结。力图以精简、短小的篇章，阐述曾国藩最核心的智慧。行文中尽可能地结合曾国藩的生平事迹、言行实录、细节逸闻，让读者更形象、生动地把握一个真实可感的曾国藩和他的内心世界。与单纯取用曾国藩"官道"、"处世绝学"、"谋略"等著作相比，本书意在呈现曾国藩的思想、智慧与启发性。希冀在忠于曾国藩的思想灵魂实质的基础上，引出对管理实践的有效指导，希望能为企业界、政府机关、事业机构等任何社会组织中从事管理工作的读者提供良好的参考。

因本书的特殊体例，我希望读者不必拘于逐字逐句的整篇阅读。而是能在心清意平之余，将日志随手取阅，自由领会一日或者一周的篇章，与自己的言行相比照，体味中国古典精神固有的微言大义，有所一悟即有所一得。这样，你就会发现，这位贤哲的智慧能够真正地在你内心发生作用，从而对你的行事有所裨益。我也是在研究曾国藩的过程中，慢慢发现他所说那种"倚天照海"感觉的：似乎这位亦师亦友的前辈，真的如阳光一样，能把尚德从善的道理照射到你的内心深处，并改变你对自我和外界的看法。恐怕，这就是这位先贤最大的人格魅力和智慧所在吧。

曾国藩是中国古典精神最后一位集大成者，也是言行合一的儒学实践大师。他一生留下了约1500万字的文字作品，其中格言警句、美文佳训，俯拾皆是，选编那些为大家耳熟能详的部分，必然遗漏掉更多珍贵的明珠。但文字层面毕竟是表层，我们更需要做的，就是充分领略他言辞下所蕴含的深厚的中国传统文化和智慧。古罗马哲学家皇帝马可·奥勒留曾为世界遗留了一部记录自己执政心得体会的《沉思录》，影响了包括国家总理在内的很大一批管理者。而这部凝结着东方大儒智慧的国学版"沉思录"，值得跟随在每一位从事或者有志于管理工作的人身边，或可成为自立、谋略、处世甚至是教子持家的良师益友。

本书的编著过程中，笔者幸获知名管理学者邵雨先生、蓝狮子财经出版中心金洁女士的大力襄助，在此表示诚挚的谢意。我的主攻方向为管理文化研究，并非专业的史学研究者，书中所述之史料难免有疏漏，还望读者和方家不吝指正，可通过我邮箱 taolin429522@126.com 与我联系。若有赐教，不胜感谢！

陶　林

于海滨寓所

内修，身如鼎之镇

第一周

星期一

大器天授

器有洪纤，因材而就，次者学成，大者天授。

——《曾国藩文集·李忠武公神道碑铭》

【译文】

人才的成就有大小之分，要根据个人的禀赋而获得，禀赋差一点的依靠学习而成，最大的是上天所赐予的。

笔　记

儒家把人看成天地万物的一个有机组成部分，人和人类社会的各方面都与这个天地自然的运行相对应。孔子有所谓"三畏"（畏天、畏大人、畏圣人之言），其中"畏天命"放在第一位。曾国藩这样的大儒，对整个儒家学统有着全面的认识。他认为，人的天赋固然很重要，但需要后天的努力学习才能发挥，而一个顶尖级优秀的人才，是个人努力和历史选择的多重因素造就的。学习曾国藩的管理智慧，其实就是学习中国最正统的儒家智慧。

曾国藩本人其实是极聪明的，但他绝不自认为是天才。在崇尚权谋的中国文化氛围内，他所推崇的一直是"勤"与"拙"，不推崇"妙计"与"速进"。从读书时代起，曾国藩就比一般的学生勤奋与刻苦，懂得自制与磨砺。日后，他把这种顺应天命、努力而为的态度带到了与太平天国军队的作战中。他所制订的战略计划，未必是最有效的，但却是最稳妥的。他知道自己不善于长途奔袭，只选择稳打稳扎、自强克敌的"老庄"战术。他比对手更富中国传统智慧，所以也是他最终取得了胜利。

行动指南

人贵在有一种知缺的精神，知道自己有所欠缺，才能看清自己的长处。对于自己的理想和目标，抱着待大而受的心态，要努力进取，也要知道"有所为，有所不为"。不宜太偏执，让自己富有弹性，矢志不移的同时，也注重灵活变通，更要注重顺应外界形势的发展而发展。

星期二
君子自持

勤俭自持，习劳习苦，可以处乐，可以处约，此君子也。

——《曾国藩家书·于江西抚州致子曾纪鸿》

【译文】

坚持勤劳简朴的态度，习惯吃苦耐劳，可以在安逸的环境中坚定信念，也可以在简朴的环境中锻炼心志，这就是所谓的君子啊。

笔 记

曾国藩在官场上升迁的顺利是人所共知的。他从三十岁进入翰林院开始，十年内连续升了十级，到四十岁左右时担任礼部右侍郎（相当于如今文化部副部长），可以说仕途顺利、平步青云。这种升迁速度，在清王朝是前所未有的，不但令同僚们感叹，曾本人对此也非常得意，称自己为"运气口袋"。

现在看来，曾国藩快速升迁的"秘诀"，无非是他做到了一个合格的官员应该做到的一切：读书无数，学识渊博，人品优良，清正廉洁，不贪污不受贿，也不跑官要官，更不沉溺于声色犬马之中，并多次上书直言民间疾苦。其人格几乎无可挑剔，完全可以作为官员的表率。这也说明，如果管理者对道德有一种坚信，那么，道德反过来也会成就管理者本人。

行动指南

　　既努力营造内外优良的企业文化，又充分明确相关法律和内部规章制度。当然，最佳的状态是德与法的统一，打造现代"君子型"的企业。

星期三
在世明志

治生不求富，读书不求官，修德不求报，为文不求传。

——《曾国藩文集·治心经十三篇》

【译文】

　　谋生不仅仅追求大富大贵，读书不仅仅追求高官厚禄，修养自己的品德不求对自己有什么回报，写作著文不求名传一时。

笔　记

　　在一封写给弟弟们有关做人准则的家书中，曾国藩首次提到以上的话。这一段话的核心就是希望弟弟们能够克服功利之心，以平实的态度来对待生活、学习、修养等。

　　曾国藩对弟弟们的劝导，就是在提醒他们，不要将行事的目的和结果颠倒了。谋生，就是要好好地生存下去，不求大富、暴富；读书，为了求知，而不是为了求官、大贵；自我的道德修养，并非希望人们回报自己；写作，就是表达自己的思想，也不为出名、出风头。正本清源，认识到事情的根本和目标所在，就不会走偏了道。

　　曾国藩是一个认真到了骨子里的人，原则性很强，可以说"书呆子气"很重。他写文章，发扬"桐城派"的优势，塑造了"湘乡派"的文学新风尚；他做翰林时，就认认真真忠实于自己的研究职责，用心研究理学，到了成痴的境界；他做各部官员时，抱定"不为发财，只为匡时济世"的信念，冒死上书皇帝，直陈时弊，差点引来杀身之祸；他受命镇压太平军，就把全部身家性命都押在了军中，几番出生入死，终于取得胜利。

行动指南

通过制定有效、可持续改进的目标，并通过建立公平、竞争及和谐的企业文化，让目标管理贯彻在每一位员工的思想和行动中。

星期四
谦退养福

惟谦退不可轻断，最足养福。

——《曾国藩家书·与诸弟书》

【译文】
只有谦虚谨慎不轻易作出判断，才能够养气尽福。

笔　记

在管理实务中，管理者需要不断地进行判断。无论是构思、策划，还是决策、执行、考核，判断伴随着管理事务的每一个过程。因此，优秀的管理者的最重要的素质之一，就是能对面临的各种情况做出最准确的判断。

关于判断，曾国藩写过这样的一段话："能明智的判断，叫做英断；不能明智却作出判断，叫做武断；武断自己的事情的危害还算浅的，武断别人的事情招来的怨恨就非常深了。所以只有谦虚谨慎不轻易作出判断，最能够养气尽福。"

对此，曾国藩还做出了补充，就是极力反对那种"难得糊涂"的认识。他指出：所有有成就的人都是通过精准的判断力获得成就的，只有头脑糊涂的人才会相信"糊涂"难得。

行动指南

培养优秀的判断力，需要做到：一，不轻易作出判断。二，加强平时的积累工作，作出一个判断绝不能临事决断。管理者平时要加强对业务动态的关注，跟踪、搜集、积累相关的资料和信息，手中有备，才能做到临事不慌。

星期五

厚藏匿锐

厚藏匿锐，身体则如鼎之镇。

——《曾国藩日记·道光二十二年十月论修身》

【译文】

把锋芒和深厚的学养安静地藏匿住，身体就像大鼎一样敦实地立在那里。

笔 记

通观曾国藩的全集，他多次在家书中探讨静修的道理。他说，心静如水，则不生妄念，淡泊名利，则明辨事理。如果一个人的精神不能安然沉静，那么心思总是浮浅而散漫的，做事也不会实在。他还认为，安静到极致并非什么都无所谓的那种空无，而是静到不得不动，正如冬至那天一样，阴气耗尽了，阳气在不知不觉中萌生，促动着人真正地开始一番作为。

早年的曾国藩，是一个寒门读书郎。胸中的抱负很大，踌躇满志，学习也非常勤奋，正如他自己所说的那样"气势很厚"，但个性上却并非能"静"。常常为了一点小事和自己的同学、同僚争吵，就连跟着他在京城读书的弟弟曾国荃，也因为忍受不了哥哥的暴躁脾气而离开他回家。为此，曾国藩多次自我反省，为自己不能好好地静下来大伤脑筋。后来，他师从理学大师唐鉴学习《朱子全书》，并通过每天写日记、做功课来磨炼自己的心志。最终他静了下来，以至于他在京城的官位升得很快。

在热闹的官场中，曾国藩并不引人注意，咸丰皇帝对他的印象极淡，认为他只不过是一个迂酸的儒生罢了。待太平天国起义爆发，他回乡起兵，一举名震天下，咸丰皇帝搜肠刮肚才记起这个沉默寡言的大臣。可见，曾国藩通过自己的修炼，真的将"静"字功夫化入自己的骨髓里头了。

行动指南

对于自身事业这艘大船来说，要充当好把握方向的舵，也要当好提供动力的帆，但首先要做好能稳固船身的锚。

第二周

星期一

男儿自立

男儿自立,必须有倔强之气。

——《曾国藩家书·同治三年六月十六日致曾国荃》

【译文】
男子汉自立自强,心中一定要有股倔强的气息。

笔 记

曾国藩是湖南人,湖南自古以来就属于楚文化区域,一方面崇尚刚烈、浪漫,一方面又崇尚大义与实干。用一句通俗的话来说,湖湘有"彪悍"之气。

一方水土养一方人,一方人也反哺一方的文化。曾国藩和湖湘文化就很有这种交融互增的气势。因此,他提倡:"男儿自立,必须有倔强之气。"这句话多次出现在他的家书、日记和与家人的交谈当中。

这里所谓的"倔强"可以理解为有一股子不怕输、不服输、一定要把事情干成的意志力和恒心。有了这股子内心的力量,且不论是不是男子汉,都会有做出成绩的可能性。

凡干事业之人,不怕自己的资源有限,也不怕自己的智慧和才能有限,在诸多的软弱中,最怕的是灵魂的软弱,性格中存在畏难、怕苦的致命缺陷。因此,曾国藩丝毫不介意家人、部将或者门客的耿介、直爽与倔强,怕就怕他们软弱、心无大志、畏畏缩缩。遇到这样的人,他也不会指导、提拔或者重用。

行动指南

切不能把自己的成功归为好运气,如果顺利地做成某些事,要花十倍的功夫总结自己成功的理由何在。而倔强自强的精神，更应该确立为自己组织永恒不变的灵魂。

星期二
身体力行

牢骚满腹无济于事，身体力行才是上策。

——《曾国藩家书·致九弟曾国荃》

【译文】

满腹的牢骚对形势并没有任何帮助，身体力行才是最好的策略。

笔记

以曾国藩为代表的湖南籍近代知识分子长久以来坚持一个非常好的优良传统，就是笃实的湖湘文化。湖湘文化，其价值核心既高蹈，又务实；既具备战略眼光，又具备脚踏实地解决具体问题的心志。湖南籍知识分子也借此在中国近现代史上成为了一股敢做事，做大事，做成事的重要力量。如谭嗣同、毛泽东，都是这方面的代表。这种力量的影响之大，使得在后来的抗日战争中，日军战略部门提出了"欲灭中国，必然先灭湖南"的口号。

曾国藩就是湖湘士人最为重要的代表人物之一。他曾求学于岳麓书院，深受湖湘文化的熏陶。他认真地研读过历代儒家知识分子的学说与得失，对国家的治理有自己非常深入的思考。与传统儒家知识分子的"归隐"和"入仕"两条道路的选择不一样，曾国藩提出了第三个选择，即不能袖手旁观，也不能只出出主意，而是要跳入其中、亲力亲为，要面对危难、抓住机遇、担起责任来干。在太平天国起义爆发的时候，曾国藩自己组建湘军，领导湘军作战，就是这种"身体力行"思想的体现。

行动指南

在管理工作中，凡自己意识到不够完美的事情，凡能引起自己发牢骚的事情，就要关心起来，投入一定的精力加以改进，监控好整个过程，并切切实实地保证能达到改进事态的目的。

星期三
反诸求己

行有不得，反诸求己。

——《孟子·离娄上》

【译文】
实行中不能求得的，回过头来求于自身。

笔　记

曾国藩常在日记中用孟子的这句话鼓励自己。最突出的一次，写于他听闻曾国荃攻陷天京，取得了对太平天国的最终胜利的那晚。那一夜，他内心非常欣喜，高兴得几乎要晕倒，喜惧悲欢，万端积聚，一夜都没有睡着，写下了这"慎字箴"，来概括自己取得巨大成功的经验，也提醒自己要保持冷静。

"行有不得，反诸求己"这八个字，精练地概括出曾国藩对做事情想要取得成就的看法。人在行事过程中，总会遇到各种各样的障碍和困难。很多人对自己的信心严重不足，遇到事情不顺利，就想着求别人来帮助，或者是抱怨自己的资源不充足，却从来不相信路在自己脚下，求人不如求自己。

曾国藩之所以能够取得对太平军的胜利，完全来自于"反诸求己"。曾国藩提倡一种倔强的人生态度，一切目标都要尽自己努力去争取。他的这种人生态度成为一种人格榜样，甚至影响了以后几代的湖南知识分子的性格，在较大区域范围内起到了移风易俗的作用。

行动指南

一流的管理者必定是组织的象征和灵魂人物，除了处理具体的事务之外，还要能为企业注入一种积极进取的精神，在员工中散发人格魅力。

星期四

坚忍不拔

打落牙，和血吞。

——《曾国藩文集·挺经》

【译文】
　　牙齿被打掉了，连着口中的血一起吞到肚子里去。

笔 记

　　曾国藩的后半生，在一封写给友人的信中说到自己的经历："谚语说得好："好汉打落牙，和血吞。"这句话，是我平生咬牙立志的诀窍。我在庚戌辛亥年间，被京城里的权贵们所唾骂；癸丑甲寅年间，被长沙的官员所唾骂；乙卯丙辰年间，被江西的官员所唾骂；还有在滨州、靖港、湖口的失败，被打脱落牙齿的情况太多了，没一次不是连着血一起吞到肚子里头的。"这句话充分表明了他"坚忍"的品质。

　　就曾国藩而言，"忍"字诀一直是这位理学大师所强烈推崇的。但他个人，却并非天生能忍，完全来自后天的培养。

　　儒家学说中有一脉崇尚刚义，那就是孟子的学说。曾国藩早年很推崇孟子所谓的"舍生取义"。然而过于刚直，就没有弹性和回旋的余地。太平天国新乱，很多人劝在家守孝的曾国藩出山办地方武装，镇压太平天国革命。曾国藩犹豫不决，几次答应了友人要出山，又患得患失不肯有所行动。等到带领湘军出征的时候，他又因为打了几次小小的败仗而前后三次欲自杀了事。显然，这时的他既不"坚"也不"忍"。随着征战的深入，经历了出生入死的考验，经历了马背上、干戈烽火中的历练。他遇事越来越能忍，越来越能自如地把自己思虑成熟的心力投入到"为天下求太平"的大目标中，从而达到了一种"无言事功"的独特境界。

行动指南

　　一个真正懂得"坚忍"艺术的管理者,必须明了:一,胸有成竹,才能曲张有度。有把握的管理者是不会因为员工的小差错,而导致大局的偏差的。二,尺蠖屈伸,目标是为了前进。管理者的能屈能伸,是要把既定的目标向前推进。一个有灵气的管理者,应该随着事情发展来屈和伸,保持良好的节奏感,以实现成功。

星期五

改过无吝

知己之过失,即自为承认之地,改去毫无吝惜之心。

——蔡锷《曾胡治兵语录·诚实》

【译文】
　　知道自己有过错的地方,就是立刻自我改正,丝毫不要有吝惜的心态。

笔　记

　　古人最推崇知错能改的品质,不偏执,不因一个失误导致一连串错误。所以,《周易》中有"见善则迁,有过则改"的说法。

　　曾国藩是一个从山村里走出来的知识分子,经验匮乏,成功无一不是在试错的经历中获得的。因此,知错能改,就成为他的优秀品质。而且,曾国藩乐于求己之错,乐于听取别人对自己的批评。他在纠正自己的错误方面,积累了两个重要的方法:

　　一是善于自我反思。曾国藩通过每日记日记、在自己居室贴自警的字幅等方式,时刻提醒自己要反省错误。尤其是记日记,日日不断,曾国藩将这一习惯保持终生,这种毅力堪为楷模。毛泽东早年曾经认认真真地抄写过曾国藩的日记,以期获得像他那样自我反省的能力。蒋介石也师法曾国藩,保持着终生记日记的习惯。

二是善于向师友征求自己的过失。曾国藩早年外出求学时曾经发过誓,要重新做人,毋为禽兽。因此,他向自己的老师和朋友提出要求,要求他们若对他有任何的意见都表达出来,以促进自己改进。朋友批评他,他总是谦虚接受,从不恼人。

持续的改进能力,是管理者应该意识到并且加以强化的重要管理素质。管理者自身要明确地认识到,对问题的监控和改进工作,不只是一件工作,而是一种敬业、尽责、利于企业或事业发展的职业精神和文化。

行动指南

改进每一个出现在你面前的问题,丝毫不要有懈怠和吝惜之心。

第三周

星期一

以拙破巧

内圣拙诚，以至拙破至巧。

——《曾国藩日记·与九弟曾国荃书》

【译文】

内心诚挚、勤拙，以最大的勤拙破除最大的机巧。

笔 记

曾国藩对人的谈吐非常在意。他认为一个人的谈吐是他内心状态的表露，是一个人学识、修养和能力的体现。他在日记中写出对大儿子曾纪泽的忧思："非常苦恼纪泽说话太快，太轻，太能言善辩，都是内心不能做到诚拙的表现。"

曾国藩个人品质深受整个清朝朴学气息的影响，推诚不推巧，重实干不重巧言。他认为事务都是要以不怕苦、不怕难、耐劳、耐烦的态度干出来的。惟有内心诚恳地面对事务，不要怀着投机取巧的心机，才能通过慢慢的积累完成自己的志愿。那种凡事先从容易的地方着手，先抓住到手的利益的态度，是他所不屑的。这点也体现在他的用兵之道上。曾国藩曾自述，用兵贵在诡异和狡诈，他不擅长，贵在巧取和奇夺，他也不擅长，他只善于使用稳打稳扎、步步为营的策略。这种策略虽然笨，但拼的是硬实力，取得胜利，是绝对的胜利。这正是以至拙破至巧的不二法门。

行动指南

战略思索时，不要把目标的实现寄托在一个或者两个神奇的点子上，应该把战略思索构建成一个可以逐步落实的计划链，用踏实的实践不断修正这个计划链，保证战略目标的实现。

星期二
以身作则

凡有训人治人之责者，必身先之。

——清·章梫《康熙政要·论君道》

【译文】
凡是担负着训导人、管理人的责任的人，自己一定要以身作则。

笔　记

曾国藩在自己的书信和日记中，多次提及康熙皇帝的一句话："凡是担负着训导人、管理人的责任的人，自己一定要以身作则。"读过这句话后，他格外认真地记录在日记中，时刻提醒自己。

曾国藩从步入仕途成为翰林开始，到担任真正管事的官职，再到担任军事统帅，广收幕僚与学生，一辈子担负着训人治人的责任，而且位高权重。但他始终没有忘记康熙皇帝的训导，凡事都以身作则，为下属、学生还有子女树好榜样。

比如就个人生活方面来讲，曾国藩几十年如一日地保持着一个农家子弟的本色，即便封爵加侯，做到位极人臣的职位，仍是粗衣鄙服、一餐只吃一道简单的菜，因此世人美称其为"一品宰相"。做高官的曾国藩当然不穷，无论是他的俸禄还是他经手的资金都是非常巨大的。曾国藩与当时腐败成风的清政府官员不一样，不仅经手的资金不会贪污，连自己本人高额的俸禄也都用在了广收幕僚、扶植人才、补贴阵亡将士家属上了（按等价计算，当时他的薪水在现在相当于300万元人民币每年），因此留给家人的家财很少。直到他去世，自己所剩的不过是一堆书和一箱子旧衣服而已。可以说即使放到现在，这样的政府官员都是值得效仿的杰出榜样。

行动指南

管理固然是以物质利益的刺激为核心，但千万不能忽略精神示范力量的重要性。某种意义上，这两者的重要性是等同的。

星期三

自律律人

礼义廉耻，可以律己，不可以绳人。

——宋·林逋《省心录》

【译文】

礼义廉耻的各项标准，可以用来自律，但不可以用来约束他人。

笔 记

曾国藩经常引用林逋这句话来告诫自己。曾国藩饱学历史，对历史的浮沉有着自己深刻的见解。他认识到儒家的教义虽然对人伦方面有非常好的促进作用，但如果作为一种"绳人"的工具，不但会使整个儒学僵化，还会使整个社会人文也随之僵化。中国自古以来强调"立人"，但到了清朝末期，全国上下，除开皇帝一人，全都变成了礼教秩序下的"奴才"。

曾国藩认识到了这一点，慢慢回到了孔子的立场上，把"礼义廉耻"回复到既往的自律道义上，还其历史的本来面孔。凭借着卓越的个人修养，曾国藩不但平定了太平天国起义，还威慑了清政府的政治中枢，使得东南各省从腐朽的清政府手中松动出来，成为"洋务派"官员推法学习西方的主战场，中国悄悄地走上了近代化发展的道路。

当一名管理者习惯用职业道德标准和组织规范来拷问、质询或者奖惩员工的时候，一定要知道，在这些规范和道德面前人人平等。要求员工做到的事情，管理者自身应该毫不含糊地做到。

行动指南

在工作实践中，管理者对员工进行的道德评价，必须通过律己的体会，只有这样才能准确地判断事务的困难和努力的弱点在哪里。

星 期 四
宜勤宜廉

治事宜勤，操守宜廉。

——《曾国藩文集·致总兵官王吉信》

【译文】
做事要勤奋，思想品德要廉洁。

笔 记

这是曾国藩写给新任总兵官王吉信中的一句话。有关这句话，可以用曾国藩一个非常有名的小故事来说明。

有一个年轻的读书人，参加过科举，到一家书店买书，看到地上有人遗落一文钱，趁人不备偷偷捡了起来，并且得意洋洋。这一切正好被同来买书的曾国藩看到了。他留心那人的相貌，并差人打听到那人的姓名。若干年后，他担任两江总督，一位知县到他面前述职。曾国藩发现，此人正是那在书店里捡钱的人。他不动声色，但未重用，不久就把他免职了。为此，他解释说："这样一个人，独处的时候，连一文钱这种小利都贪图。如果一方民众的事情交给他办，他能不尽力搜刮民脂民膏么？"

一个具备简朴、廉洁的素质与不具备这样素质的人有什么不同？如果一个有头脑的人已经取得了一定的成功，还能在日常生活中注重简朴与廉洁，那么他一定是一个能用最少资源做出最大成绩的人。道理很简单，同样少的资源，一贯奢侈的人总是会觉得无法做成自己想做的事情，而惯于简朴、廉洁的人，却认为做事的条件已经非常充分,他必定会先下手为强,凭借着自己的能力和毅力,完成大多数人看起来不可思议的目标。

行动指南

克勤克俭,同时锻炼那种以最少资源取得最大成绩的本领。

星期五
居官四败

居官昏、傲、贪、诈四败。

——《曾国藩日记·论居官心得》

【译文】
　　身为官员,会因昏聩、傲慢、贪婪、奸诈而身败。

笔　记

　　曾国藩的仕途一直为后人称道,他从入仕的七品官员起,做到二品的高官,只用了短短十年时间。经历过道光、咸丰、同治三朝,无论朝廷中什么样的权臣掌政,无论多大的政治风波,都无法危及曾国藩。

　　曾国藩对自己升迁的顺利,只谦说是自己的运气好。他并没有总结自己做官成功的秘诀,但却非常准确地总结出官员败落的四字诀:"昏、傲、贪、诈。"

　　对之,他作出的解释是:"居官有成就,一定要尽力避免这四种败落的因素:昏庸懒惰、放任自己部下的人肯定失败,傲慢凶狠、恣意妄为的人肯定失败,贪婪粗鄙、毫无顾忌的人肯定失败,性格反复无常、心地狡诈的人肯定失败。"

　　针对曾国藩的"居官四败"箴言,不难发现中国历朝历代身居高位而败落的人,无一不是败在这四点当中。如明朝的大改革家张居正,推行改革很有魄力,但自己贪图享乐、寡恩薄义,即使当时未败,死后也落得满门抄斩的地步。而同样的大改革家王安石,为人清正廉洁,操守过硬,即便在政治斗争中失去了权力,也能得以全身而退。至于像严嵩、和珅这样的大奸败落之官,更不用说了。

行动指南

无论在何种岗位上,都要谨记"昏、傲、贪、诈"四败诀,能否平步青云只是小事,做好人,守好法律和组织制度,顺利且平安地完成热爱的事业更为重要。

第四周

星期一
能立不怨

以能立能达为体，以不怨不尤为用。

——《曾国藩家书·同治六年致曾国荃》

【译文】
　　以立人通达为躯体，以不抱怨、不苛责为处世灵魂。

笔　记

　　"体用"之说，涉及中国古典哲学的思想精髓，需要直观去体悟。

　　俗话说："江山易改，本性难易。"但曾国藩一生有几次，性格发生了巨大的改变。曾国藩给自己取过一个号，叫做涤生。"涤生"的意思是洗涤生命，重新做人。他在给曾国荃的信中说道："我现在与四十岁以前非常不一样了，大概能够做到以立人通达为（新的）躯体，以不抱怨、不苛责为（新的）灵魂。立人，就是发奋自强，能站得住；通达，就是办事情圆融，能行得通。"

　　在这种状态下，曾国藩得出了最重要的判断："天下的所有事业，在局外高谈阔论，总是没有什么用处的。要做好，就必须亲自深入到事态当中，担负起自己的责任来，才可能有成功的希望。"

　　他的这一点，真正实践了儒家学说里"轻言重行"的设想。把孔子数千年前反复说的"知不可为而为之"的理念，真正地"为"了起来。

行动指南

　　要让自己的企业或者组织"能立能达"，就要善于在总结好成功经验的基础上，不断做好自身的"变革"，积极投身到组织的事业中去。

星期二
君子虚心

君子大过人之处，仅在虚心而已。

——《曾国藩日记·论谦虚品质》

【译文】
　　君子胜过他人最大之处，仅在于虚心罢了。

笔 记

　　咸丰七年(1857年)，曾国藩因其父去世，离开深陷太平军重围之中的湘军，回家守孝。也正是这一年，太平天国高层爆发了大规模的内乱。杨秀清、韦昌辉互相杀戮，石达开率领二十万大军负气出走。因此，原本毫无战果的湘军推进得特别顺利，他的部将们纷纷打了胜仗，立下了丰硕的战功。

　　但出走的石达开进军神速，很快扫平了江西，攻占了浙江。在各处报急的情况下，咸丰皇帝不得不考虑选拔将领。此时，湖北巡抚胡林翼和湘军的各路将领都上书请曾国藩出山。咸丰皇帝在不得已的情况下，最终启用了曾国藩。

　　曾国藩这次得以出山领军，不在于皇帝的看重，而在于他的同僚和部下的极力请求，而他们都非常能战。因此，曾国藩更深刻地反省自己：身为主帅，自己是一个良好的战略家，却并非是一个很优秀的战场指挥官。因此，以后凡有大的战役，他都放手让自己的部将去指挥作战，而自己则隐退幕后，负责策划、统筹、调度。对此，他谦虚地说："但凡我直接指挥的战役，皆是败绩；诸将能战，则无往不胜。"

　　谦虚不仅是一种道德品质，它和谨慎一样，更是一种自知的能力。这一点，恐怕很多管理者都没有意识到。因此，曾国藩说，君子比别人优秀的地方，在于谦虚。

行动指南

　　谦虚,不仅是对人的谦让、礼貌,更是临事时的清醒与明智。力戒凡事都与部下争功斗能,要谦虚地为人才铺路搭桥,只有这样,才能使战略性目标得以实现。

星期三
勤苦俭约

　　勤苦俭约,未有不兴;骄奢倦怠,未有不败。

——《曾国藩家书·咸丰十年致曾国荃》

【译文】
　　勤劳节约,没有不能兴盛的;骄奢懒惰,没有不失败的。

笔　记

　　在曾国藩留存下来的格言和箴言当中,"勤"和"俭",是他强调得最多的,也显得最为重要,这充分体现了这位儒学大师的本质。

　　曾国藩是非常简朴之人,这种简朴的精神甚至化为他判断很多事务的标准。湘军攻下太平天国政权中心天京以后,很多军人因为获得了胜利,而有了骄傲的心态,更多的人趁火打劫,搜刮民脂民膏,中饱私囊。曾国藩非常清楚这种状态,但他没有更多地约束自己的部下。因为他觉得湘军已经失去了勤劳节约的精神,他考虑的办法是快刀斩乱麻,一举裁撤掉全部走向腐败的湘军。

　　对比当今的世风,曾国藩的教导,显得非常警醒人心。管理者需要保持一个非常清醒的头脑,不但要把"崇尚勤俭"作为企业文化,还要作为制度建设的重要工作来做。

行动指南

　　崇尚节俭、奖勤罚懒,对骄奢倦怠的状况,毫不犹豫地改进和消灭,并把这种精神从组织的制度渗透到组织的文化中。

星期四

日日如新

从前种种譬如昨日死，如今种种譬如今日生。

——清·袁了凡《了凡四训》

【译文】

　　从前的种种问题，好像昨日死去了一样；而今天的种种问题，好像今天获得重生一样。

笔　记

　　这句话引自清代诗人袁了凡的诗句，曾国藩时常用这句话来鼓励家人和下属要有不断向前的信心。就是说人要不断地学习、进步，才能对生活充满信心和力量。这种进步和信心的力量之大，仿佛每一天都获得新生一样。

　　曾国藩曾经自取一个号，叫做涤生，意为"洗涤生命"。能把昨天当做死期，能把今日当成重生，因此，他学习、做事非常有急迫感，自己一刻也不肯松懈。曾国藩保持了良好的记日记的习惯，每天的一记，都是对自己一天生命的总结，这种总结直到他临死前一天还进行着，足可见他对践行自己"一日生死"理念的执著。

　　管理者要成就的事业，就需要有这种生命的急迫感。可急迫感却不等于焦虑，急迫感是生命的态度，焦虑只是一时的情绪。现代人充满了焦虑的情绪，殊不知，只有秉持这种有急迫感的生命态度，才能缓解焦虑的情绪。

行动指南

　　做事需要高效率，所有遇事不紧不慢，依赖明天、再明天处理的态度，都应视为一种有危害的毒素，要从事业的肌体中果断而彻底地排除出去。

星期五
花未全开月未圆

花未全开，月未圆。

——《曾国藩家书·同治元年致曾国荃》

【译文】
花朵没有完全开放，月亮没有达到最圆。

笔 记

这句话是曾国藩的座右铭。原句源自佛教禅宗的一段公案，意在说明：花一旦全开，马上就要凋谢；月一旦全圆，马上就要缺损。而未全开，未全圆，会有所期待，有所憧憬。

这既是深刻的人生道理，也是深刻的管理道理。曾国藩一直用这个道理告诫自己，"凡事当留余地，得意不宜再往"。为此，他把自己的书斋命名为"求缺斋"。凭着求缺的心态，曾国藩能时刻地自省与自警，遇事谨慎，待人宽容。

最能体现这一状态的最著名事件，就是曾国藩与沈葆桢之间的纠葛。曾国藩的湘军攻打太平天国，到了围攻天京的重要关口，进入一个非常艰难的战略相持阶段。双方重兵对峙在天京城下一带，互有胜负，每一仗打得都很艰难。这就需要有强大的后勤支持，曾国藩决心派人设立厘金局，在江西设关卡收税，以保证湘军军需。当时江西巡抚沈葆桢是曾国藩的门生，曾受到曾国藩的力荐才得以中举和被提拔，但这时却极力抵制曾的这种做法。沈葆桢为了保证江西自身团练的军需，赶走了曾国藩的收税人员，还上书弹劾自己的老师。此举导致曾国藩陷入极大的困境，军队因为缺饷，一度甚至有兵变的可能。但打败太平天国以后，曾国藩并未因此记恨沈葆桢。他深知，危机之中，沈葆桢和他都在为自己的岗位职责而努力，用自己事功之圆满去苛责沈葆桢的不报个人知遇之恩、不发湘军军饷的行为，是不恰当的。因此，他依然与沈葆桢保持着良好的关系。

行动指南

　　第一，要培养自身的危机意识。危机意识是对潜在问题的敏锐洞察，有危机意识，人往往能够更自信。第二，要充分认识世间万物皆无完美。看到自身不是完美的，推导出去，放在别人和外界事件身上，也是同样的道理。第三，要善于留有余地。诚心诚意地体味"花未全开，月未圆"的状态，把它转化成行动的力量。

养性，自强而诚明

第一周

星期一
忠信廉洁

忠信廉洁,立身之本,非钓名之具也。

——宋·林逋《省心录》

> **【译文】**
> 忠诚信用廉洁,是立身做人的根本,不是用来沽名钓誉的工具。

笔　记

　　曾国藩对世事都好以淡化的方式处理,他尤其忌讳的是,自己拼搏一场,却成为徒具虚名的"名士"。曾国藩对这类名士的认识是深刻的,与他同时代的龚自珍,就是一名优秀的读书人,做官期间,屡屡上书,言天下利弊,但却受到权贵的排挤与压制。在 1840 年前后,龚自珍坚决支持林则徐虎门销烟,抗击英国殖民侵略者。同时,也主张打破闭关锁国的政策,睁开眼看世界。他写过两句非常著名的诗:"我劝天公重抖擞、不拘一格降人才。"这正是他一腔赤诚的表现。不过,龚自珍因为个人品行疏狂,为世人和执政者所猜忌,最终除了赢得了"名士"的浮名之外,却使得自己时时有生命之忧。

　　所以对于品行种种,曾国藩格外注重;而对于名誉种种,曾国藩是能推则推。他认为:"乱世之名,以少取为贵。"这种崇尚淡泊的人生志趣,也使人们几乎不能从古籍中看到任何曾国藩贪赃枉法、收受贿赂的影子。相反,那些与他同时代的"名士"或者生有名节、死后露出狐狸尾巴的"名臣",其浮名就不值一提了。

行动指南

　　注重实效,不务虚名,是立人立事立身立世的关键所系;廉洁自律,更是保护自己的根底所系。有这两样修养做羽翼，则无需钓名，自然会为大家所认可；若无这两样修养，则想要振翅高飞、也无法施力。

星期二
慎独心泰

慎独则心泰，主敬则身强，求仁则人悦，思诚则神钦。

——《曾国藩文集·挺经》

【译文】
　　自我谨慎则心气平和，心有敬畏则身体强健，追求仁义则人们悦服，思想诚挚则神灵钦慕。

笔 记

这是曾国藩《挺经》第一章中的话。曾国藩认为古人在内心修为方面有着四种很高的境界，每一种境界都能够给人带来很大的益处。

慎独，意即对自己内心要加以审视，比照高标准的要求，谨慎对待自己的所言、所思、所行。主敬，就是心中要有敬畏之心，要晓得害怕和畏惧。求仁，就是要坚持仁义。现代社会中的"仁"就是能尽最大可能去理解别人，换位思考。思诚，就是凡事要做到诚恳和诚挚。现代商业社会的很多交易原则就是建立在信用的基础上的，真心诚意，方能有所为。凡事缺乏诚意，则凡事不得成。

曾国藩这"四说"不但生前常说、常做，即使在他留给家人的遗书中，也慎重地提及。足可见，他对这种品质的推崇。

行动指南

第一，慎独。谨慎地处理好自己经手的每一项事务，做到有始有终，按合理的程序和方式解决好每一个问题。第二，敬畏。对于自己的事业常怀一颗敬畏之心。第三，仁和。因为心存敬畏之心了，一个人看待自己的事业就会有一种热爱的温情。第四,诚信。把诚信看成自己的第二生命,无论对何人何事,都必须慎重许诺,能做到的就必须全力以赴做好,不能做到的就推位举贤。

星期三
心正气顺

心正气顺。

——《曾国藩日记·论内心修养》

【译文】
心态端正,则神气顺和。

笔　记

所有的管理者都是普通人,普通人能安居平凡,但有时却有超越平凡的渴望。曾国藩也是这样的普通人,因此他具有普通人普遍的心声。

早年的曾国藩才华横溢,少年得志,容易被俗见所左右。处处自诩高人一等却并不被认可和承认,精神状态非常差。为此,他非常苦恼,用现代心理学的说法,是出了点"心理问题"。

在师友的指点下,曾国藩正视自己的病根子,用一生的时间对自己的这段状态进行反省,提出了"心正气顺"的观念。他开始养成了记日记的习惯,淡看了名利成败,只是专注于读书、学问和做事,同时认同了儒家"天命"的世界观。认识到是非成败往往不单单是个人意志可以左右的事,需要更高的内心境界,才能把握和天命的契合,最终完成自己的历史使命。

管理者的"心正气顺"对于企业尤其重要。企业是以生产各种消费产品为核心事务的社会组织,管理者的心态直接决定着企业运作的质量。可以说,一个优秀的企业,要生产优质的产品,就必须要先生产优秀的管理者。

行动指南

第一,坚持记日记,反思每天的工作生活。管理者认真记录好管理日记,能够保证自己对事务的不间断思考。第二，集中精力忙于事务本身，不考虑个人得失，这样人和事才能相得益彰，才能获得劳碌之后的安憩。第三，给自己制订细致的计划，每进一步就对照计划进行反思，对自己有一个真实的定位。第四，看到自己的局限性，不间断地对大环境加以研究，如对市场、民众的消费习惯、舆论环境、文化环境等进行观察和研究。

星期四
不诚无物

> 诚者，物之始终，不诚无物。

> ——《中庸》

【译文】
　　诚心诚意是接人待物的全部，没有诚信就不能处世。

笔 记

　　曾国藩身处清政府统治末期，整个社会动荡不安。这种状况令他很是忧心，他不止一次对清政府的末路做出预见，认为不出五十年，清王朝就将覆灭，天下会一片大乱。事实也正如他所预料的，不过三十年的光景，辛亥革命的烽火就席卷了清廷。

　　曾国藩是从哪些地方得出自己的判断的呢？首要的一点就是朝廷的不诚，就曾国藩本人而言，这种不诚体现在清政府对他的既依重又不信任上。他初出湖南，立下了战功，咸丰皇帝本来要授予他湖北巡抚的官职，但很快就反悔，又收回了；既要求他全力攻打太平军，一会儿又调他到川北防务，一会又调他到浙江、福建防务，一会又调拨他北上"勤王"。朝令夕改，言出无信，令人无所适从。对待位高权重的功臣尚且如此，何况普通士子和黎民百姓。因此，曾国藩在教导下属时，曾经很深刻地说："没有诚信就不能处世。"

一个管理指令、一个制度、一个方案、一个政策从推出到落实实践,一定要谨慎地设计好原则性纲要,然后设计好富有弹性的操作措施,能够根据情况的变化,有效推进既定目标的实现。最忌讳在原则上含糊不清(涉及具体利益层面),在方式方法上随心所欲,导致管理的诚信度不断打折扣,甚至导致工作出现负面效果或者彻底失败。

星期五
畏人畏天

俯畏人言,仰畏天命,皆从磨炼后得来。

——《曾国藩家书·同治六年六月致澄弟》

【译文】
俯身敬畏别人的言论,仰头敬畏天命,这些都是在磨炼之后获得的经验。

笔　记

常看到一些管理类的书籍,把卡耐基、德鲁克或者韦尔奇这样的西方管理学家尊为"人性大师"云云。殊不知,中国自古以来就有注重人与人之间关系的伦理学、道德哲学的研究,其研究的基点,都在于对人性细致入微的把握。

任何接受中国传统文化教育的人,都必经传统伦理学的门槛。曾国藩也不例外,他把学术与实践紧密地结合在一起,所获得的认知含金量十足。

曾国藩认为,所谓"畏人言",就是人要克服自己偏执、固执、自我等天生的一些心理习性,克服我行我素、以自我为中心的惯性力量,对别人指向自己的言论,要在意,不能不当回事。而所谓"畏天命",就是要看到自己的有限性,对自己身处的环境、自己所干的事业、自己面对的问题,要充满敬畏和警觉之心。

曾国藩说,这两种的"畏"都是在磨炼之后才能获得的人生经验。他原本是个心中无所顾忌的湘伢子,个性刚烈,争强好胜。在一开始的治军生涯中,多次为贪功冒进所累,这越发坚定了自己从小听闻的"吃亏是福"的道理:注重听取多方面的意见,收集多方面的信息,将有十分把握的胜仗看做只有五六分把握来打,太冒险的战术绝对弃之不用。

行动指南

关于"畏人言",要明智地面对别人的言语:面对指责,要诚心自省,有问题就改进,没有问题,就要预防出现问题;关于"畏天命",要以一颗博大的心胸面对世界,要有一颗感恩的心。这样,内心明澈,与外界友好相处,自己的价值也会不断得以提升。

第二周

主敬定明

人心也,惟主敬则定而明。

——《曾国藩文集·冰鉴》

【译文】

人心啊,只有心存敬畏才会安定,才会清明。

笔 记

咸丰六年,也就是 1856 年,曾国藩领兵驻扎江西,度过了他平生第一次最难熬的时光。他的整个湘军兵分两部,一部分由罗泽南指挥,远赴湖北,支援胡林翼攻打武汉;一部分由部将周凤山指挥,在江西南康和南昌一个狭小的范围内,苦苦支撑着,抵抗太平军。

曾国藩从湖南出来以后,经历了鄱阳湖湖口的大败,刚刚恢复了一点元气,但自己带领的湘军却举步维艰:他没有地方大权,湘军的军饷、物资主要仰求于江西。江西官员视湘军为负担,有危急了向他们求救,战胜不予以褒奖,战败就横加讥笑,还时时以停饷加以要挟。曾国藩后来回忆这段光阴:"江西数载,人人以为诟病","通国几不能相容,遂浩然不欲复问世事"。还对自己的老朋友刘蓉发过狠:"我死了,你给我写墓志,一定要给我鸣在江西的冤屈。"

不过,曾国藩到底还是挺了过来,打消了自己在这段困境中的摇摆不定,他说:"易摇而难定,易昏而难明者。人心也,惟主敬则定而明。"他怀着一份敬畏审视自己,发现自己完全没有把江西官员们放在眼里,只是凭着形势,而不是凭着诚心和他们打交道。他引退一年后复出,亲自逐一拜访江西巡抚耆龄以下各级官员,争取到了他们的支持,为兵出江西做好了准备。

行动指南

面临的人际环境往往是自己内心状况的真实反映：当一个人内心阳光的时候，即使环境恶劣，他也会发现阳光的所在。因此，心存一份敬畏，则周围环境也会对自己敬畏一分，就不容易被假象所迷惑，摇摆不定了。

星期二

诚与明一也

诚与明一也。

——《曾国藩文集·冰鉴》

【译文】

诚意与心明是一致的。

笔 记

曾国藩的原话是："自其外者学之而得于内者谓之明，自其内者得之而兼于外者谓之诚，诚与明一也。"大意是：从外界学来但内心也能理解的就是明，从内心领悟到并在外界得到印证的就是诚，诚也就是向别人完全袒露心胸，并同时获得别人的开诚布公。在曾国藩看来，诚意与心明是一致的。

就曾国藩的态度来说，他带兵打仗是心明的结果。而他一片赤诚，却总担心自己落得兔死狗烹的下场，所以一直提防着清廷对自己身为功臣、权臣、望臣的猜忌和迫害。清廷对他再造大清的功劳不予否认，曾国藩死后若干年，慈禧太后在与曾国藩子曾纪泽的谈话中，深刻表达了一种"国危思良臣"的哀痛，她说："也是国家运气不好，曾国藩这么早就去世了。现在各处大臣，总是瞻徇的多。"当曾纪泽宽慰"老佛爷"说过"李鸿章、沈葆桢、丁宝桢、左宗棠均忠贞之臣"时，慈禧说"他们都是好的，但都是老班子，新的都赶不上"。这足以看出慈禧对曾国藩的信任。足可见，只要足够诚心明意，连歹毒、凶恶如慈禧这样的"恶领导"也会深受感动的。

行动指南

明诚所至，金石为开。只有对事业有着足够的理解、充沛的想法、深入的谋划，才能有完成事业的诚意，才能感染别人，带动更多的人来完成事业。

星期三
精神贵藏

人之精神，贵藏而用之，苟炫于外，鲜有不败者。

——宋·邵雍《邵子全书·观物外篇》

【译文】
人的内在精神，贵在潜藏着自己使用，草率地向外炫耀，少有不失败的。

笔 记

中国文化的传统有一个显著的特征，就是面对世界，首倡"自我节制"。因为一个以农业为基础的社会，各种资源相对有限，必须要克制人的欲望。而时间到了现在，随着人类的发展，整个全球呈一体化状态，人们又会发现，地球的资源总体来说还是有限的。所以，反过头来看，农耕时代的某些箴言，还是非常有效的。

曾国藩提倡"藏神"、"藏拙"，认为人的内在精气神，由自身修养而成。那种自诩才高、实力雄厚、能力超凡而表现出傲慢、专横和自以为是的人，很容易把自己放到和别人、和环境对立的位置上，从而丧失掉很多可以成功的机会。

曾国藩非常忌讳那些自负才学，却做事无力的人。他的学生李鸿章以翰林的身份投靠他，曾国藩深知其好"炫于外"的毛病，故意冷淡他。直到李鸿章完全放下身段，愿意从最低的文书工作做起，曾国藩才肯收留他。

行动指南

要"慎独"，不要被自己的能力所迷惑，要善于铺路搭桥，领导、同仁齐心协力，稳妥且扎实地把目标推进、实现。

星期四
不任心、不任口

行事不可任心，说话不可任口。

——《曾国藩文集·冰鉴》

【译文】
做事不能随心所欲，说话不能随口胡说。

笔 记

曾国藩一生所遭遇的最大的困境，不是来自敌人方面的，而是来自自己身后的"清议"阵营。

所谓的"清议"，就是一些不临具体事务的人，或者说根本不操心任何具体事务的人，趁着别人干事时，大加品藻，横加指责。曾国藩在平定太平军、剿灭捻军、办理天津教案、办理"刺马"案等事件的过程中，遭遇到了太多的清议，以至于他一听到清议头就大，晚年说了句很经典的话："外负清议，内疚神明。"

而那些好清议的人，都是些行事任心、说话任口的人。有典型的例子：中法战争期间，清流代表人物张佩纶（女作家张爱玲的祖父）高论战事，指手画脚，对洋务派的军事外交政策不屑一顾。清廷就任命张佩纶为"会办福建海疆事宜大臣"。这位先生的遭遇可想而知了：指挥战事全无能力，调兵遣将全无章法，被法军打得大败，最终逃跑，而福建船政水师全军覆没。清廷让他任职，本来是对张佩纶"清议"能力的一种信任。可他自己太不争气，葬送了福建舰队，引致民愤极大，使得左宗棠经营南洋水师的心血付之东流。清政府最后只好拿他惩处，流放张家口。

行动指南

忌讳身在事外，空发议论，既对事务没有任何作用，还容易把自己推到不切实际的境地。有多大的能力、多大的把握、多大的胜算，就说多大的话。这点，需要牢记。

星期五
无不可言

无不可对人言之事。

——《曾国藩日记·论自我修炼》

【译文】
没有什么不可以对别人说的事情。

笔　记

这是曾国藩写给自己的十二项修炼要求中的第十项，要求自己养气，保持心胸中无不可对人言之事，让气藏丹田。

一个人内心没有什么不可告人的事，顾虑就会少，内心也平静，内心的气息也就稳定，可以慢慢地沉下气来，做自己想要做的工作。所以，曾国藩要求自己内心中没有不能告诉别人的事。

从曾国藩的日记里可以发现，他真的这么做了。他记录自己某一日到朋友家吃饭，看到朋友的小妾非常漂亮，不由得心猿意马。回家后，他就觉得自己的妻子有点不顺眼。为此，他在日记里对自己做了冷静的批判，说自己简直就是一个禽兽。像这样一个注重品行的人，面对人性中的涟漪做出了深刻的批评，的确再无不可对人言之事了。

组织中的管理者，应该做到事无不可对人言，尤其是对自己的下属或者员工,事务公开是组织能力修炼的第一要义。

行动指南

营造一个公开、透明、民主的组织文化环境,让员工有真实的归属感,更好地参与到组织的工作之中。

星期一
明强美德

强字是美德，明强二字断不可少。

——《曾国藩家书·同治二年六月致曾国荃》

【译文】

争强是美德，明和强两个字一点不能缺少。

笔 记

曾国藩说过："男儿，需有倔强之气。"面对积贫积弱的清政府统治现状，面对西方殖民者咄咄逼人的强势进攻，他明确地指出，古往今来，国家、个人都脱离不了一个"强"字。他说："一个国家的强大，需要多出贤能的臣子，一个家的强盛，也必须多出贤能的子弟。这不是天命所决定的，而完全在于人谋。"

在曾国藩看来，一个人的强，在于自胜，即所谓的"强毅"，也就是说一个人要明确判读外部环境，不断进行自我改进。能自胜的人，不用强胜于别人，自然会获得强者的位置。他最看不起像曹操、董卓那样称雄一时的人物，认为他们之所以失败，在于不能做到自胜而专注于胜人。曾国藩在写给曾国荃的信件中还说道："强字须从明字作出，然后始终不可屈挠。若全不明白，一味蛮横……京师所谓瞎胡闹者也。"也就是说，"强"是建立在明白有数、头脑清晰的基础上，绝不是所谓的瞎胡闹、瞎折腾。

一旦确定某种意见或者信念，曾国藩就会坚持己见，纵然皇帝下诏也扳不过他。抗旨不遵，触犯龙颜，对曾国藩来说是家常便饭。咸丰皇帝对他是又气又恼，曾经好几次发狠要查办他，但随着曾国藩判断的应验，最后也都不了了之。

行动指南

　　管理和政治、经济、文化等任何一项事业一样，是强者的事业。缺了一颗自我强健的内心，管理者将一事无成。做一个强者，就是从内在的自强开始的。

星期二
胜人不居

　　好胜人者，必无胜人处，能胜人，自不居胜。

　　　　　　　　　　——《曾国藩家书·同治二年六月致曾国荃》

【译文】

　　喜欢争强好胜者，一定没有胜人的地方；能胜过别人者，自己是不会以胜人者自居的。

笔　记

　　人多有争强好胜的心态。这是一把双刃剑，一方面催促着人前进，一方面也给人引起太多麻烦。对此，曾国藩看得非常清楚，他喜欢人有不服输的倔强之气，但非常反感人有傲气，他还曾说过："傲人不如者必浅人，疑人不肖者必小人。"这就是说，傲慢觉得别人不如自己的人，一定是浅薄的人；怀疑别人品德不高的人，必定是小人。

　　曾国藩这套对"傲气"和争强的体悟不是凭空得来的，恰恰是他自己对自己犯下错误的反思。

　　曾国藩在安徽的时候，有一个叫赵烈文的青年后生前来投军。曾国藩接待了他，并与之交流，粗谈之下，觉得此人言辞絮絮，一定很浅陋，便怠慢了他。赵烈文也感觉到了这一点，就准备请辞，在临行前说了句湘军最近肯定要吃败仗的话。可他人还没走，前线失败的消息就已经传来。曾国藩大惊，觉得赵绝非自己想的那么简单，立刻极力请赵烈文留下。事实上，赵烈文的确能谋善策，后来成为曾国藩最倚重的幕僚。

行动指南

"能胜人，自不居胜。"在竞争中，发展自己和组织的实力是第一要务，提高所谓的"提高核心竞争力"。当实力达到足够过硬的程度，竞争的优势自然而然会向自己一侧倾斜。

星期三
襟怀豁达

盛世创业之英雄，以襟怀豁达为第一义。

——《曾国藩家书·同治元年致李鸿章》

【译文】

在太平时期开创事业的英雄，需以胸怀宽大为第一要义。

笔 记

这是曾国藩的一句名言，是向得意门生李鸿章授法时所说的。曾国藩自己当然是一个心胸很开阔的人，这不仅反映在他对和门下沈葆桢、左宗棠、李鸿章甚至弟弟曾国荃的冲突处理上，还反映在他对小人的态度上。

曾国藩进军江苏境内时，有一个人来投军。此人深知曾国藩不喜欢夸夸其谈之徒，因此，谈吐很注意分寸。曾国藩觉得此人有一定的才能，就把他收在麾下。未想，这人是一个十足的骗子，到曾国藩军中没有多久，就卷了一笔钱财跑了。曾国藩的部将向他通报，要求他下令立刻派兵缉拿，却被曾国藩阻止了。众将不知何故，都暗笑主帅失察。等到几天后，估计那人跑远了，曾国藩才又与众将议论此事，他说出原委："能从我手中行骗，此人的确是有一定才干和胆略的，钱财损失是小事，如果抓他太紧了，他投向敌军，我们的麻烦不更大了么？"众将听了，无一不叹服。

由此可见，要做到像曾国藩那样胸襟开阔，就必须要有精准的眼光和深刻的思考。

行动指南

心胸直接决定着一个组织的发展质量。所谓站得高、看得远，看得远才能心底宽，当我们陷入对一些小问题的斤斤计较、或者对人不对事的纷扰中时，冷静地反思一下曾国藩的话，一定会作出不一样的选择。

星期四

心力劳苦

末世扶危救难之英雄，以心力劳苦为第一义。

——《曾国藩家书·同治元年致李鸿章》

【译文】

在危机中解决困难的英雄，需以吃苦耐劳为第一要义。

笔　记

这是曾国藩教导李鸿章的第二句话。当时，李鸿章刚刚筹备好淮军，准备开赴上海防御太平天国忠王李秀成对上海的进攻。对之，曾国藩作出的教导是："危难的世道，要做一个英雄，除了不怕苦累、耐得住性子解决一个个具体而细微的问题外，别无他法。"

李鸿章听取了老师的教导，到达当时全国经济最发达的上海之后，将自己的淮军和西方人的洋枪队整合，编练成一支土洋结合、以洋枪洋炮为主要作战武器的武装力量。虽然人数不多，但战斗力极强，有效地狙击了太平军对上海的多次进攻。同时，出台了一系列安抚上海官僚、商人的政策，减轻了上海的赋税，获得了上海地方的支持。由于上海的赋税非常丰腴，不但给淮军，也给湘军带来了有力的财政支持。这使得太平天国政权处于两面被夹击的状态，对不久后湘军大败李秀成、取得天京合围的胜利,起到了非常关键的作用。

行动指南

有效的危机应对,是管理者需要掌握的一项重要本领。一旦有危机出现,则既是问题的暴露点,也是改进事业的良好契机。要做好劳心劳力的准备,认认真真地解决危机,并在危机中获得成长。

星期五
破釜沉舟

携破釜沉舟之势以遏欲。

——《曾国藩日记·论自我克制》

【译文】
用破釜沉舟的勇气遏制自己的私欲。

笔 记

曾国藩到京城当翰林以后,可以说沉迷于程朱理学之道。程朱理学首推的,就是"克己"的功夫。所谓"克己"就是按照剪除多余欲望的原则,慢慢把自己培养成一个标准的儒家使徒。曾国藩所做的"克己"功夫有三项:

第一是改变自己的性格。他原本脾气有点粗暴、喜欢争强好胜、倔强,通过读书、格致等,性格变得温和了一些,特别能忍,能做到"打落牙、和血吞",这很不容易。

第二是戒掉一些陋习。比方凡事好与人争的习惯,再就是戒烟。当然戒的是水烟,不是大烟,不是鸦片。一般读书习字、脑力劳动繁重的人,都特别容易沾染烟瘾。当时的烟草价格也不低,曾国藩是一介穷翰林,欠着一身的债务。吸咽既花了钱也伤了身体,所以他下定决心要戒烟。这一戒就戒了三次,前后用了五六年工夫才戒清了。

最后，就是在病痛之中锻炼自己。曾国藩患有严重的牛皮癣，大家为此都谣传他是蟒蛇投胎。说得有趣，但他本人却苦不堪言。因为牛皮癣发作很痒，痒起来就夜不能寐，只好"爬抓"，以至于每早起来，床单上都血迹斑斑。曾国藩长年在外工作，夫人不在身边，一开始用的是亲兵抓挠，后来用婢女抓挠，又怕惹出是非，索性自己忍耐。真是用足了"破釜沉舟"的气势来克制自己欲望。

行动指南

注意培养自制力，管理者内心应该保持着一种"适度紧张"的状态，保持一种"以有事的状态过无事的日子，以从容的状态临有事的状况"的姿态。

第四周

星期一

欲立立人，欲达达人

欲立立人，欲达达人。

——《曾国藩日记·论自我克制》

> 【译文】
> 想自立就必须要和别人一起立起来，想通达就必须和别人一起通达。

笔 记

"立"和"达"，是中国古代两个非常典型的人伦标准。所谓"立"，就是完全能够自己养活自己，并应对、处理社会种种状况。所谓"达"，就是能够将自己的设想、理想等付诸社会，使得自己被社会认可。古人重视"立"比重视"达"更多一点，因为能立则能达，不能自立，就绝无"达"的可能性。

曾国藩创办湘军就是能"立"的一个良好的例子。当时他在条件非常糟糕的情况下，找到一批志同道合，并且肯为他效力的朋友。通过这一批人来组建一支军队，同时也给他们报效朝廷的机会。在这种双赢中，湘军便"立"了起来。而对于普通的兵卒，他不是诱使他们为自己卖命，而是向他们提出"学好"、"好好做人、个个向上"的要求。每个人都实现"立人"目标后，湘军才能自立。

"欲达达人"，也是曾国藩通过具体的事务得出的一个重要结论。在湘军兵出湖南之后，曾国藩一直对自己部队的推进速度不满。他想不通这是为什么，但看到胡林翼经常上书保举自己部将，往往一次性保举多达二三百人，反观自己只是二三十人，他立刻明白了其中问题所在：自己要想通达，就要给别人也提供机会和舞台。众多部将跟从自己，少数是为了捍卫礼教而战，更多的人希望建功扬名立业。这点无须回避，因为很务实。

行动指南

经营事业就如同搭建一个舞台，要使自己有立足之地，就需要邀请更多志同道合的人登上舞台，一起呈现精彩，这才是管理者真实的使命所系。

星期二

克勤小物

古之成大事者，多自克勤小物而来。

——《曾国藩日记·论自我克制》

【译文】

古代成就大事业的人，多是从勤勤恳恳做小事而来的。

笔 记

管理工作最大的忌讳是什么？可能所有有经验的人都会说："大事干不来，小事不肯干。"管理者不怕志向太大，就怕志大而心懒。在与家人的通信、训诫，以及上朝廷的奏折中，曾国藩始终把"勤"字摆在第一位，在他看来，由于"懒"，很多政令、政策都是实施得马马虎虎就中止了。因为实施过程中，如果不勤加管控，事态发展往往无法按照既定的目标实现。

在曾国藩一生的弹劾案中，他对于安徽巡抚翁同书的弹劾是属于比较严厉的。翁同书是道光年间大学士翁心存之子。这位公子哥出身的督抚，做事迟滞，担任安徽巡抚期间，他是典型的行政不作为。有一个叫苗沛霖的人，自己组建了一支团练部队，愿意为朝廷效力，希望投靠翁同书。当时，安徽境内太平军势力很大，正是急着需要人才的时候。翁同书却懒得理会苗沛霖，即便勉强收编了他，也疏于答复苗有关军饷、驻地等的要求。苗沛霖一怒之下，带领着自己的部队，攻打翁同书的驻地寿春和定远。翁同书吓得魂飞魄散，丢了定远城，仓皇逃窜。曾国藩之所以要弹劾翁同书，也正是想给那些疏懒于政务的官员们一个严厉警告。经过他的上书参劾,翁同书即刻被革职查办,发配新疆。

行动指南

小事见勤,大事见智。管理者对于细节,对于小事的勤加关注、思考与管控,与对于大事大局的掌控要放在一个同等重要的认识上。

星期三

自作主张

得意而喜,失意而怒,便被顺逆差遣,何曾作得主。

——《曾国藩日记·论自作主张》

> **【译文】**
> 得意就快乐,失意就发怒,就是被顺境逆境差使着的表现,何时能做得了自己的主。

笔 记

曾国藩的全话是:"得意而喜,失意而怒,便被顺逆差遣,何曾作得主。马牛为人穿着鼻孔,要行则行,要止则止,不知世上一切差遣得我者,皆是穿我鼻孔者也。自朝至暮,自少至老,其不为马牛者几何? 哀哉!"他把一个不能控制好自我喜怒哀乐的人比作牛马,被人穿了鼻孔,人要走则走,要停就停。而世界上所有左右自己情绪、欲望的东西,都是穿人鼻孔的,从早到晚、从小到老,这样的人不知做牛马到了什么地步,非常可悲。

曾国藩的学生俞樾有两句话,说得非常好:"欲除烦恼须无我,历尽艰辛好做人。"这两句话是"自作主张"的意思。在漫漫两千年封建专制的尾声,曾国藩提出了"自己做主"的理念,和清代盛行的那些"奴才"理念相比,有着巨大的历史进步。他的出发点在于把一个人从自己杂乱的感性、情绪状态的奴役中解脱出来,更进一步的是,把人从世界上一切差遣自我的奴役中解脱出来。

当然，结论是"哀哉"的。人总是有许许多多的羁绊和欲望，这就是人和世界的联结，不可避免。超凡入圣、太上忘情，那只是无论孔子、还是曾国藩都无法达到的传说。因此，"历尽艰辛好做人"才是"自作主人"的真谛所在吧。

行动指南

做好自我管控，不以僵死、冰冷、威权的管理为荣，让管理工作慢慢从制度层面上升到文化层面，成为整个组织或者企业无形却处处彰显效用的人文氛围。

星 期 四
持操自守

只是一个见小，便使百事不成，亦致百行尽堕。

——《曾国藩日记·论坚持操守》

【译文】
　　只因为一点小缺点，就使得所有的事情都做不成，也导致品德最终堕落。

笔　记

中国古人很讲究"操节"，即一个人对自己认定的事业，要能够坚守下去。这是一个很重要的考验。

曾国藩的好友郭嵩焘，1853年随曾国藩组建湘军。他是中国第一位驻外外交官，也是对曾国藩一生有着重大影响的一位读书人。他在长沙岳麓书院结识曾国藩，与他成为挚友。在太平天国起义爆发后，他用尽一切办法劝说曾国藩出山，打消了他层层疑虑，使得这位中兴功臣迈出了东征的第一步。郭嵩焘对曾国藩的事业影响是巨大的，他几乎一手塑造了曾国藩开放、开阔的视野。曾国藩多次在家书中提及"筠仙"（郭嵩焘的号），频率之高，无他人可及。

后来，郭嵩焘在晚清官场上屡起屡伏，最终，他远走英伦，成为驻英法公使，也成为脚踏实地看世界的近代第一人。但这种行动，使得郭嵩焘背上了很大的舆论压力。中国第一位外交官受到了全国上下的辱骂,有大臣诬告他背叛清廷,还有说他阿谀西方。特别是在他家乡,无知的读书人还写出一副对联"出乎其类,拔乎其萃,不容于尧舜之世;未能事人,焉能事鬼,何必去父母之邦"来辱骂他。

不过,郭嵩焘坚持自己,出版了记录西方文明的书籍《使西纪程》,因此遭受了"二心英国"(类似"汉奸")的参劾。直至死后第九年,还有人要对他开棺鞭尸。对于曾国藩所谓的不因为一个小缺憾而自甘堕落来说,没有比郭嵩焘更正面的例子了。

行动指南

管理者要有耐磨之志,断定自己的信念正确的话,就要坚持不懈地做下去。那种因一点小挫折就前功尽弃的,是非常不负责任的冲动行为。

星期五
大易善悔

大易之道,莫善于悔。

——《周易》

【译文】

造成变化的最大的道理,没有比悔思更好的了。

笔 记

曾国藩在这里所提到的"悔"字,不是单单地指后悔,更含有反思的意思。曾国藩常常引用南宋哲学家朱熹的话来阐述:"悔字如春,万物蕴含其中等待萌发;吉字如夏,万物盛大茂密;吝字如秋,万物开始凋落;凶字如冬,万物一片萧条。"

曾国藩在其一生的军旅生涯中最大的悔事,就是带领湘军进入江西,陷入困局后,抛弃大军,一个人回乡为父亲守孝。整整一年,他丢了担子一身轻松,但他手下的将领却把湘军从困境中带了出来，战事进行得非常顺利。他看到部将立功，自己赋闲无事，每日后悔，连连上书给皇帝要求出山。重新出山的曾国藩与前一阶段相比，性情大为一变，领军打仗，非常成熟，以后即便面临更大的困难，也能迅速取得对太平军的胜利。

　　个理智的管理者，总会遇到无数的挫折，如果遇到问题不能反思，就是那种"被同一个石头绊倒过两次"的愚夫。所以，与"莽执"相比，"知悔"显得难能可贵。

行动指南

　　无论是组织的领导者还是普通员工，都须谨记曾国藩"莫善于悔"的教导。谨慎做事，才能把后悔降低到最小的限度。

学习，诸子可为师

第一周

星期一
君子知命

君子之道，以知命为第一要务。

——《曾国藩日记·论"君子之道"》

【译文】

做君子的道理，是以知悉天命为第一重要的事务。

笔 记

很多人相信一种运数，并且求神拜佛祈祷这种运数。这种运数被儒家思想无限上升，最终归结为"天命"。在曾国藩这样的儒家学者看来，"知命"是"君子之道"的第一要务。儒家概念中的君子，是不以出身、社会地位、经济状况甚至受教育状况而决定的。而他们所能达到的"知命"状态，更是一种精神境界。凡事能把不重要的部分、花里胡哨的部分看淡了，这是认识的境界，也是真正成事的关键。

曾国藩在很长一段时间，不能算一个"知命"的人。晚年天津教案事发，皇帝写亲笔信问他："身体安好否，能不能去处理这件事？"曾国藩毫不推脱地接手过来，因为除了他，没人肯去趟这趟浑水，举国上下都知道这是件多么棘手的事情。可曾国藩还是去了，上任直隶总督，在举国上下一片指责之声中，办完了他平生最后一件大事，也在生命的最后背负起一个没落王朝的骂名。他的日记和信件中仍然自称"外负清议、内愧神明"，似乎洞悉了这就是自己一世的"天命"吧。

行动指南

管理者的"知命"，在于知晓凡事尽在人为，但对偶然性的干扰要警惕和准备。特别是对失败的事务，更要花大精力进行反思和研究。若非人为因素所造成，则要怀有一颗平常之心。有所为，有所不为，是管理的境界。

星期二
先立坚志

须先立坚卓之志。

——《曾国藩家书·同治元年五月致曾纪泽》

【译文】

一定要首先确立坚定卓越的志向。

笔　记

据传，曾国藩出生那夜，他的曾祖父梦见一条巨蟒游到自己身边。醒来后，到庭院里一看，也有条巨蟒盘在院子中央。再仔细看，原来是一根枯死掉的百年老藤。从此，曾国藩是巨蟒投胎的说法便在湘乡的民间传开了。这当然是一种迷信的说法。少年时代的曾国藩，是一个很有志向的孩子。这种抱定志向的气度，可以说是他后来做一切事业的基础。

曾国藩出身农家，在一个普通的小山沟里成长。凭借着科举，他才能获得更大的施展手脚的平台。当然，这要比旁人付出更多的努力。清朝，满族人对汉族读书人心存猜忌。一个满族子弟读书求学，只要能入仕途，平步青云的机会非常多，也很容易获得高官厚禄。而汉族读书人，即便步入科举，升迁和发展也非常困难。这种不平等支配读书人命运的政策，也迫使汉族有抱负的读书人更加勤奋努力。

曾国藩早年在岳麓书院读书，是同一个宿舍中最勤奋的。除了白天正常学习之外，他常常秉烛夜读。为此，他有一个同窗常抱怨他打搅自己休息。曾国藩只是向窗户口移了移，依旧认真读书。这种胸怀理想、锲而不舍的精神，正是他所谓"立坚卓之志"的表现。

行动指南

通向成功的道路有很多种,但没有一种成功不是以善的道德为基础的。管理者最坚定、最卓越的志向,就是实践善的管理思想,为事业的发展贡献自己的力量。

星期三
才敏宜学

才智英敏者,宜加浑厚学问。

——《曾国藩家书·致曾国荃》

【译文】
　　才思敏捷的人,一定要让自己有浑厚的学问。

笔　记

　　曾国藩死后,清政府对他的评价是"学本有源,器成远大,忠诚体国,节劲凌霜",赞扬他是"中兴第一名臣"。

　　清政府对他的肯定是从他的学术成就开始的。曾国藩学识渊博,但他还很羡慕同朝的阮元、程恩泽、何绍基、梅曾亮、唐鉴等人的学问,希望自己既能做好官、又能做好学者。而戎马生涯和瞬息万变的战争局势并没有使曾国藩这一愿望成真,他晚年感叹自己:"到老始知气质驳,寻思只是读书粗。"当然,这是他一贯谦虚态度的表现。

　　曾国藩认为,有聪明才智,这是非常好的。但推崇"拙"的曾国藩,坚持认为,如果一个人太过于被自己的聪明所左右,则心无定性,必定一事无成。追求学问之道,并非期待有所成,期待的是求学问道的艰苦过程中,不断锻炼自己的心志。曾国藩晚年称自己一生是"禹墨为体,老庄为用",即是学习大禹和墨子那样自找苦头、埋头苦干的精神,并用老子和庄子那种旷达、超越的态度面对艰苦。

行动指南

从世间任何一门学问入手，都能掌握到普遍规律的若干准绳。管理者最适宜的，就是把自己本职的工作当做学问来做，这有助于把具体工作越干越好。

星期四
读书志识恒

盖士人读书，第一要有志，第二要有识，第三要有恒。

——《曾国藩家书·致诸弟书》

> 【译文】
> 所以士子读书求知，第一要有志向，第二要有见识，第三要有恒心。

笔 记

曾国藩仔细地解释道："如果有了志向，就绝对不肯沦落末了的位置；有见识，就会知道学问没有止境，不敢以自己的一点点小成就而骄傲自满，像河神看到大海之前，井里的青蛙看到苍天一样，都是没有见识的表现；有了恒心和毅力则绝对没有不能干成的事。"

在鼓励人向善向学方面，儒家学说要比中国古代其他的诸子百家积极得多。像荀子这样的儒家大师，本着坚定的态度，鼓励人们认真地投身于学习之中，在提高自己学问的同时，锻造自己的内在品质。曾国藩深谙学习的重要性，这一点在今天看来也具有深刻的意义。学习不仅仅是一种手段，还是一种修炼，是组织保有自身凝聚力和发展力量的一个必要性的前提。

行动指南

在治学上，不推崇表面功夫，需要在真正有情况出现的时候，能从容、淡定并稳稳妥妥地解决问题。

星期五
只问耕耘

不问收获，只问耕耘。

——《曾国藩家书·致曾国荃》

【译文】
　　不去过问收获，只过问耕耘。

笔　记

　　曾国藩在学术方面有一个得意的门生，名叫俞樾。俞樾以"春在"命名自己的堂号，这其中有一段有趣的故事：他参加殿试，礼部以"淡烟疏雨落花天"为命题。俞樾开篇则以"花落春仍在，天时尚艳阳"诗对，巧妙地摆脱"落花悲伤"的思维定势，博得时任阅卷大臣曾国藩的激赏，取俞樾为保和殿复试第一名。也因此，他和曾国藩结下了师生情缘。

　　俞樾命运坎坷，他在出任河南学政及主考时，遭御史上奏弹劾，被革职为民。之后，又遭遇大不幸。在遭遇人生不幸重复打击的逆境中，俞樾没有表现出失意落魄的凄凉，却成为一位睿智的强者。曾国藩很赞赏俞樾的治学态度，公开赞扬他："李鸿章越来越喜欢做官，而俞樾越来越喜欢做学问。"因为俞樾做学问，有一种"只问耕耘，不问收获"的态度，他给予了俞樾很高的褒奖、肯定。他就任两江总督后，曾多次给予俞樾经济上的支助。

　　俞樾却不是很乐意沾曾国藩的光，他数十年如一日潜心教学、著书，培养出陆润庠、章太炎、缪荃荪、吴昌硕等一大批成就显赫的学者，成为国内公认的清末最后一位国学大师。其中，章太炎又成为鲁迅的老师，使得曾国藩所倡导的"不问收获，只问耕耘"的精神也转为鲁迅"孺子牛"的精神，绵延流长。

行动指南

做学问和做管理方向不相同，但遵行的道理是一样的：耕耘必定有收获。所以，不用操心那些有关收获的事、获利的事，只要努力耕耘，多做一些开拓性的工作，为良好的事业开好头，慢慢形成发展的良性循环，自然会硕果累累。

第二周

星期一
诸子可师

诸子皆可师也，不可缺也。

——《曾国藩家书·道光二十二年九月致诸弟》

【译文】

　　诸子百家都可以作为老师，都不能缺少。

笔　记

　　在思想史上，中外学者一度把儒学视为儒教。自从西汉董仲舒提出"废黜百家，独尊儒术"以来，儒学更带有了一点"国教"的味道。中国的儒生，或者说凭借着阅读儒家经典登科举、求功名的读书人，往往对别家的学说不屑一顾，甚至大加排斥。

　　曾国藩是一个注重自我内在修炼的人，他待人接物主张宽厚，广泛地交游社会各个阶层、各种类型的人士。所以，他在治学方面也主张博采众长："游心希望能像老庄那样虚静，生活能像墨家那样的勤俭，管理民众能像管商那样严整。"这种学术上宽旷的态度，使得他的学问非常博大，做起事来也得心应手。因此，他的门生个个都很佩服他，称赞他对中国国学"几乎没有学问不涉猎的，几乎没有学问不涉及精髓的"。

　　一个不学无术的管理者，必然是一个不能称职的管理者。这里所谓的"博学"，起码要做到一点：对自己工作所涉及的业务要精通，成为业务方面的专家，对管理学相关的知识要有所了解并熟练运用。既要具备较强的实践操作能力，又要能跳出业务圈子和管理的日常工作，能在较高的角度上观察和思考业务和管理工作存在的问题、发展的新趋向等。

行动指南

在本专业、本职守工作之外，广泛地涉猎哲学、文学、艺术、竞技、文化等诸方面的知识。这些纯粹的、无功利的学习和阅览，能够让自己从机械的工作情境中得以舒缓、陶冶和放松，也能够扩大自己的交际圈子，能够从社会上汲取更多的信息和发展动力。

星期二
威淳可师

威仪可则、淳实宏通，师之可也。

——《曾国藩家书·道光二十三年六月致诸弟》

【译文】
很有威望并可以作为楷模、淳厚实在并非常通达，可以作为老师。

笔 记

我们工作中，经常接触到一些比自己高明的人，怎样和这样的人打交道呢？曾国藩告诉我们："威仪可则、淳实宏通，师之可也。若仅博雅能文，友之可也。或师或友，皆宜常存敬畏之心，不宜视为等夷，渐至慢亵，则不复能受其益矣。"他是说，很有威望并能够学习，淳厚实在并非常通达的人，可以作为自己的老师。要是仅仅很博学文雅，可以作为朋友相处。但不论是老师还是朋友，都要常常怀有敬畏的心态，不能轻待了，否则就不能受到他们的教益了。

这段话区别了师和友关系的微妙差别，也提醒了自己，注意与师友相处的原则，那就是小心相待，学人之所长。在晚清政治势力中，整个以曾国藩为中心的官僚集团特别关注师友关系所产生的凝聚力。这种凝聚力一直延续到北洋军阀、乃至整个中华民国时期。

行动指南

一个管理者，首先要成为一个高明的学生。以比自己高明且实在通达的人为老师，以有一技之长的人为友，不断小心谨慎地向他们学习，从而提高自己。

星 期 三

取彼自强

欲求自强之道，使彼之所长。

——《曾国藩日记·论"自强之道"》

【译文】
要想寻求自强的办法，就要学习对方的长处。

笔 记

就曾国藩的个人贡献而言，平定太平天国起义，是一次内乱平息工作。完成这样的事功，对于一个政府官员而言并非前无古人，如明朝的王阳明，做了和他同样平叛的事情。在他的时代，有另外一件前无古人的事，就是如何面对汹涌而至的西方近代化的潮流。

曾国藩为之曾经专门在日记中记载了自己对于西方列强侵略中国的想法："要想寻求自强的办法，无非是搞好国内政治，寻求专门的人才……学习对方（西方人）的长处，使得我国都一一具备，从正面回馈西方要有自己的产品，从负面对抗西方的侵略也要有自己的装备。"

这是当时非常有头脑的想法。因为中国故步自封了几千年，盲目自大，一直以天朝上国自居，拒不肯承认中国和西方的差距。曾国藩是一个非常务实的人，在与太平天国作战期间，就开始创办了近代中国的军事企业，收罗了一大批具有近代科技素养的人才，制造了中国的第一艘蒸汽船、第一台机床、第一支枪械……正是这些贡献，开始了古老中国步入现代化的航程。

行动指南

管理者在提高企业内部素质的同时，也要时时刻刻注重竞争对手的发展，重要的是要学习对手的长处，切忌被自己已有的成绩所迷惑，也不可轻视竞争对手，故步自封，盲目自信。

星期四
自更自创

前世所袭误者，可以自我更之；前世所未及者，可以自我创之。

——《曾国藩日记·论"创新精神"》

【译文】

以前人所因袭的错误，可以从我这里改变；以前人所没有达到的境地，可以从我这里开创。

笔 记

曾国藩一直拿自己和唐朝的郭子仪相比。郭子仪是唐朝的中兴功臣，平定了"安史之乱"。曾国藩觉得自己的事业，就是像郭子仪那样使天下安定。可他所面临的时代，又是一个需要"睁眼看世界"的时代。连曾国藩的学生李鸿章都看到了："从此以后（平定太平天国以后），外患将重于内乱。"

面对着这样的情况，咸丰元年，曾国藩在日记中说出了"前世所袭误者，可以自我更之；前世所未及者，可以自我创之"这样很有气慨的话。在他主持下，徐继畬、林则徐、魏源等人所设想的"师夷长技"的计划才得以真正地实现，但同时，他还探索出了最早一批的官办民营现代工厂的管理模式、工酬制度、管理制度，并通过他的湘军系人马开办了安庆军械所、江南制造局、马尾船厂、兰州制造局等，为中国国营经济布下了第一手的局棋，也为20世纪中后期，中国经济格局重新走向开放埋下了历史的伏笔。

作为一个旧官僚，没有开明、开放的心胸和坚定的信念，是难以实现这种转变的。因为当时的统治者对西方普遍是无知且深怀敌意的，如慈禧太后根本不相信铁做的轮船能够浮在水上。曾国藩利用古老帝国内乱的空隙，踏踏实实地为中国走向现代化、走向世界而努力，即便在现在看来似乎很微小的动作，都是富有极大的创新精神的。

行动指南

勇于革新，勇于创新。创新才是管理者事业最终的升华与归宿。

星期五
得尺得寸

得尺我之尺、得寸我之寸。

——《曾国藩家书·致曾国荃》

【译文】

得到一尺是真真实实我的一尺，得到一寸是真真实实我的一寸。

笔 记

咸丰八年（1858年）正月初四，在战事最紧的空隙，曾国藩写了一封长信给刚刚率军投身战场的弟弟曾国荃。在信中，他针对曾国荃初立下战功便冒出骄傲、轻敌和怠慢部下、同僚的苗头提出批评："弟弟自认为自己是个老实人，我也认为自己如此，不过因为阅历了一点世途，经历了很多事情，学了一些权变的门道，自己开始学坏了……纵然别人用巧诈的手段来对付我，我仍然也含浑地拌饭应付，久而久之，这人也会改变态度的。假使钩心斗角，表面上接近，但内心还是彼此隔阂，互相报复，永无止境。"

曾国藩指出，这种于人心中的争斗，其实并没有任何意义，对自己也没有任何好处。因此，他说只有进德和学习这两项真正对自己有用，因为这两者全凭自身而获得："此二者由我做主，得尺则我之尺也，得寸我之寸也……至于功名富贵，全部靠着天命来决定，自己是做不了主的。"

　　曾国藩这封信写得很诚恳，他没有言辞犀厉地批评弟弟，但把其中的道理明明白白地传达给了曾国荃，希望他能够有所领悟。曾国荃也有所悟，但疏于修身，仍然无法全部按照哥哥所传授的那样去做。以后他和湘军其他将领，如彭玉麟、李鸿章、左宗棠等人的关系越处越僵。即使一人拿下了攻陷天京的首功，却因贪财和杀戮太重两个问题遭到天下唾骂，其人格魅力和历史功绩远远不如其兄。

行动指南

　　凡成事者，归总到一点就是"天时、地利、人和"，其中"人和"尤为重要。除了把握好自身的修养之外，管理者还要把握好组织内部的规章制度和人文环境，重视广大员工的精神风貌：对事业的认同感、归属感以及激昂的士气等。创造一个政通人和的过硬的内部环境，管理者才能领导着企业面向未来，使基业长青。

第三周

星期一
读书更性

惟读书可以更性。

——《曾国藩文集·冰鉴》

> 【译文】
> 只有读书可以改变自己的性格。

笔　记

江山易改，本性难移，一个人性格一旦形成就很难再发生改变了。曾国藩一生的性格却发生三次重大的改变，成为他个人生命历程中非常具有传奇色彩的一笔。

就天性来说，曾国藩早年继承了他母亲江氏倔强的个性，脾气暴躁。不过，他的家庭，从祖父曾星冈到父亲曾麟书，都是在一种父慈子孝的爱的氛围中成长的，充满了善的底子。

考中进士后，曾国藩立志要"重新做人"，专注于理学与修身，暴烈的性格变得文静起来，成为一个很八面玲珑的官员。太平天国起义后，曾国藩创办湘军，性格由文弱又变得非常果断，适应了军事斗争的残酷形势，用他自己的话来说，"首推申韩之术"。

最后一次性格大变就非常出名了，带领湘军的曾国藩在遭遇了若干次的重大失败之后，退隐老家足足一年。当他再出山的时候，几乎所有人都发现，这位态度强硬的湘军统领变得非常之怀柔。对待同僚，不再动辄以理相胁，而是动之以情，便无不以为敬。这次性格大变，为曾国藩的最后胜利打下了坚实的基础。晚年，曾国藩对于自己性格的变化历程也说过："我一生中性格有三次重大变化，只是因为读书可以改变自己罢了。"

行动指南

所谓的"修身养性"里的"养性"，当培养性格讲。管理者的性格最起码要和自己的组织相适应，根据一定需要去大量地读书，既可以使人沉静下来，直面自己，也要在这一过程修炼自己的内在，慢慢地改变天性。所以，读书学习，当为管理者平日自修的第一要务。

星期二
专心致志

求业之精，别无他法，曰专而已矣。

——《曾国藩家书·道光二十三年正月致诸弟》

【译文】
要想业务精湛，没有别的办法，只能说专心罢了。

笔 记

曾国藩是一个思想和行动绝对统一的人，博学广思，能够融会贯通中国诸子之精髓。凭实而论，曾国藩本人在学术上的成绩并不是很突出，当代国学大师南怀瑾先生说过："清代中兴名臣曾国藩有十三套学问，流传下来的只有一套《曾国藩家书》。"

但这不代表曾国藩在致学上的努力毫无意义，恰恰相反，他在学术上的努力，可以锻炼出自己优秀的品质，从而促进他在实事方面保持着一种良好的内心状态。中国很多干事业的人并不缺乏雄心壮志，缺乏的是笃实、精确、富有智慧的操作能力和进行操作时良好的心理状态。这就是现在流行的说法——优秀的执行力。这种执行力在处理具体的事务中是一次性的，也是决定性的，执行力可以通过无数次的失败获取，也可以在其他无功利的事务上获取，比如学术。

曾国藩的事功，看似如他自己所说的，不过是运气好而已。但其实并没有那么轻松。世界上很多的道理，清清楚楚地说出来是容易的，实实在在地去做却很难。因此，曾国藩所说的专心而致志才算是真正实在的硬道理。

行动指南

惟有专业，才能产生境界。大部分管理者都是干业务出身，管理工作多是半路出家。当组织的事业发展了，自然会对管理者提出越来越高的要求，所以，要像对待自己本来的业务一样，对待管理事业，而且把它视为一个全新的起点。

星期三
深思造道

不深思则不能造于道。

——《曾国藩家书·示学致曾纪泽》

【译文】
不深入地思考就不能在道理上有所造诣。

笔　记

曾国藩在写给儿子曾纪泽有关"学与思"关系的家书中说："不深思则不能造于道。不深思而得者，其得易失。"就是告诫他要有所得，特别是要得到那些深刻的道理，必须经过深深的思索才行。

曾国藩一度对自己的经学成就很自负，他麾下有位幕僚叫做戴望，是位优秀的经学家。戴望曾在金陵书局与曾国藩论经学，谈了谈，就发现他学问疏漏，便拍案大骂："曾涤生如此不通，也配谈经？"曾国藩虽贵为侯爵、两江总督，却谦虚避退，自愧不如。他归结自己不济的原因，就在于思考得没有戴望那么深入。由此推开去，曾国藩晚年总结自己的军事成就，诚恳地认为，除了用人和防守，自己其实能力太有限。

这种"深思而得道"的态度，也使他在清廷官员中，最先提出了向西方学习的意见，主张维新的梁启超如此推崇曾国藩也就不奇怪。

行动指南

管理者务必要多深思自己的工作。就工作本身想工作还不算充分，深思到能够清楚工作三至五年以上趋势的层面，才算"造于道"的地步。本来，深入思考的本身目的，就是要给眼前的事务铺造一条向前走得更远的"道路"。

星期四

闲静问道

于闲静中探讨道味。

——《曾国藩日记·论"静中细思"》

【译文】
在闲适和安静中探讨道理中的真味。

笔 记

曾国藩在日常生活中是怎样一个人呢？相信很多人一定会认为：是一个白胡子老翁，学识渊博，道德高尚，但处事圆滑，城府很深，动不动爱教训人，令人望而生畏。

事实上，曾国藩本人是一个非常随和的人，并非常注重消除别人与自己的距离感。他面貌平凡，长了一双小三角眼，看人的时候，由于聚精会神，往往给人凌厉的感觉。为此，他的弟弟还写信特意提醒他不要眯着眼睛看人。曾国藩也在日记中反复提醒自己。

曾国藩与门生、部下、幕僚议事时还有一个非常有趣的特点：无论商讨多大的事，他总爱先讲一个小笑话，逗得大家乐不可支。李鸿章后来回忆道："他老人家最爱讲笑话，讲得大家肚子都笑痛了，个个东倒西歪。"曾国藩的许多道理，譬如"天下事情，不宜涉身其外，要跳入其中担当起责任来"等，都是通过讲有趣的小笑话给学生们听来传授的。这体现了两千年前孔子提出的"寓教于乐"的思想，也使得曾国藩拉近了和门生、下属、部将之间的距离，这正是他在日记中提及的"于闲静中探讨真道味"的真谛所在。

行动指南

管理者需要领悟"张弛有度"的道理，善于在紧张、认真、坚持不懈地工作的同时，跳出工作本身，获得多方面的乐趣与体悟。用对艺术、思考、交游等其他技能的钻研，来消除工作本身的疲倦，补充工作中视野的盲区，获得对主要工作的促进与提高。

星期五
习索通合

习其器、索其神、通其微、合其莫。

——《曾国藩文集·圣哲画像记》

【译文】

学习别人的办法，思索他们的精神，贯通他们的细节，结合他们所没有达到的地方。

笔 记

曾国藩是一个非常爱学习，且非常善于学习的人。他的学习正如他的用兵一样，讲究精、专、深入。在他的一篇《圣哲画像记》中，他提出了"不必广心博掠"，而是"习其器、索其神、通其微、合其莫"。正如他反对无目的的"浪战"一样，他反对那种东边翻翻、西边看看、东拼西凑的学风。

长久以来，中国的儒家知识分子，重于内心的修养，而轻于数理、逻辑等头脑操作的锻炼。西方文化正好能够弥补这种不足。部分有远见卓识的传统儒家知识分子，从利国利民的高度出发，更希望用西方文化和技术的优势来带动古老中国的发展。

曾国藩深为中国受西方的殖民侵略而忧心，他在自己的幕府中，广泛地收罗各类西学人才。他们先学西方的机器制造，设立翻译人员学习西方的思想原理，随着这些工作的深入，再学习西方的文化制度。曾国藩晚年曾经五次上书，以俄罗斯彼得大帝为例，强调派幼童赴美国学习的重要性。直至他去世后半年，中国近代史上第一批三十人的小留学生赴美学习，他们当中产生了唐绍仪、詹天佑、梁敦彦、唐国安、蔡绍基、蔡廷干等一大批优秀的人才。

行动指南

曾国藩所指出的这条学习自强之道，经由很多当代企业家的实践，被证明是行之有效的做事办法。由中国特色的模仿，进而搏杀世界商界，其背后，有充分的历史经验支持。

星期一
夜不出门

夜不出门，旷功疲神。

——《曾国藩日记·论"夜间修养"》

【译文】
　　夜晚不要出门活动，既耽误时间又使得自己精神疲惫。

笔　记

　　道光二十三年（1842 年），曾国藩不满自己的性格中的很多缺陷，决定重新塑造一下自己的人格，制定了《十二条日课箴规》。这十二条日课箴规，包括"敬、静、早起、读书不二、读史、谨言、养气、保身、日知所云、月无忘所能、作字、夜不出门"，都是后世人可以参考、学习的非常有效的人格箴言。在此，理出其最后一条"夜不出门"，这一点对当下的中国人很有劝诫作用。

　　夜晚，古人认为是阴盛阳歇的一段时间。在这段时间里头，人应当静心休养，聚精会神，用功于对自己的事业、人生的思考、学习和回味之中，而不宜于交游、嬉戏、寻欢作乐。这样子人才能守好自己的阳刚之气，保持旺盛的精力，以便于在白天更好地工作。

　　曾国藩考中进士初到北京时，喜欢广泛地交游，常常身陷无数的应酬、饭局之中，搞得自己疲于应付，却因为无暇顾及学问，发现整个人退步得非常厉害。对此，他深有惊醒。拜理学大家倭仁和唐鉴为师以后，从"静"字诀上着力，基本上谢绝了夜晚应酬、交游等活动。取而代之的是，每天晚上专心致力于读书、学习、思考自己的工作和事业、反省自己的过失等。做到了这一点以后，曾国藩的学问大有长进，自己最初立足京师所凭借的道德文章、诗文水准等受到了京城文官们的一致认可，特别是受到了当朝权臣穆彰阿的赏识，这为他在仕途上平步青云打下了坚实的基础，也为他日后真正做一番大事业做好了充足的内心准备。

行动指南

管理者如果奔波于夜夜笙歌、灯红酒绿之中，往往既无助于自己的事业，也无助于自己的身体和家庭。因此，管理者应把"夜不出门"作为一种自我的警示，在自己过于身陷应酬往来之际，静心想一想这一劝诫。

星期二
无事亦专注

无事时心在腔子里，应事时专一不杂。

——《曾国藩日记·论"聚精会神"》

【译文】
平常无事的时候，心思多专注谋虑，遇到事情的时候，精神集中不芜杂。

笔 记

"无事时心在腔子里"，是一句地道的湖南话，就是心有所属、专注不二的意思。这是曾国藩写给弟弟们有关求学的一封家书中说的话，目的是告诫他们求学就要认认真真，锻炼出专注深谋的本领。曾国藩还有很多见解，比如他说如果看一本书，书没有看完，就不要轻易动别的书。最忌讳这家翻到那家，貌似渊博，但实际上是无恒无定。再比如，假如看一家的文集，就要全神贯注于这一家，要做到言谈举止完全从这一家出，想的，比照的，都是这一家的言论等。这是一种老实、实事求是的读书方法。在这种方法的指导下，引申出来的做人做事的原则，可以让一个人终生受用。

根据历史资料显示，曾国藩在编练湘军前，基本上没读过军事类的著作。他的日记、书信里从来没谈过兵书战策之类的事情。但到了筹备举办团练之后，他大量地开始对中国历代军事理论进行研习。这种研习的方法，和他读理学书籍的态度是一致的。他从最早的兵书读起，详细地批注了二十三史中大大小小的战争。在实际带兵打仗过程中，甚至不断矫正历代史家关于战争的一些认识上的错误，从而实实在在地提升自己的军事统帅能力和湘军的战斗力。而他所制定的突破安庆，据守上海，沿长江上游、下游两边夹击太平军的战略，要比清政府建立江南江北大营，夹击太平军的战略有效得多。

行动指南

平时多将管理的日常工作放在心头上盘算、谋划，让内心保持着一种适度的紧张，一旦有事，才会从容不迫。

星期三
沉静含蓄

常沉静，则含蓄义理而应事有力。

——《曾国藩家书·示学致子曾纪泽》

【译文】
常常沉沉地安静思考，就能够在内心领略义理而有力地应对事务。

笔　记

《论语》上说："学而不思则罔，思而不学则殆。"学习了而不深入思考，就会迷惑；只是去空想而不去学习，那就会贻误。曾国藩对这句传了两千年的老话非常推崇，反复提到深思、沉静这些理念。

这里所谓的"沉静"，不光是指不说话的意思，而是平时不动声色地加以努力的意思。

曾国藩的学习非常有成效，不是因为他天资多好，而是在于他有非常良好的学习态度和习惯。他说："读书不求强记，这也是养身的办法。求强记，是心里头有好名的欲望……若持无功利的态度，记也好，不记也好，反而能记得更牢。"首先，即强调把读书视为一种乐趣，从而达到"寸心若有怡悦之境"的心态。然后，他提倡一种"摘抄"的学习方法，在给儿子曾纪泽的信中，他提倡读书的时候，应该多作札记，多写心得体会，这样能够加强记忆，同时也给自己手头积累一笔知识的财富，这正是踏踏实实"含蓄义理"的办法。显然，他所提倡的这些方法，从科学学习的角度来看，是非常有道理的。所有这些资料，只有自己动手摘抄了，印象才能深刻，也才能使我们研究某一个问题时信手拈来，"应事有力"。推广来看，做其他各种事情，比如管理工作，这何尝不是一种好办法。

行动指南

管理者应多在平时积累一些一手资料：读到或者碰到好的案例，便记录下来；心有所得，记录下来；发现问题，也记录下来；有好的办法、创意，更要及时记录下来。这样在无声无息中日积月累，手头就会有很大一笔财富。

星期四
师久则益

凡从师必久而后可以获益。

——《曾国藩家书·致诸弟书》

【译文】
师法他人一定要很久才能够获益。

笔　记

曾国藩跟弟弟们说过："凡从师必久而后可以获益。若一年换一处，是即无恒者，见异思迁，欲求长进难矣。"他举了自己学习经书和历史的例子，说明："穷经必专一经，不可泛骛。读经以研寻义理为本，考据名物为末。读经有一耐字诀。一句不通，不看下句；今日不通，明日再读；今年不精，明年再读。此所谓耐也。"就是说读这些经要性的书籍,一定要做到理解,把其中所阐述的种种道理跟现实结合起来,花费一定的时间,去耐心体味。

对于历史,他说:"读史之法,莫妙于设身处地。每看一处,如我便与当时之人酬酢笑语于其间。不必人人皆能记也,但记一人,则恍如接其人;不必事事皆能记也,但记一事,则恍如亲其事。经以穷理,史以考事。"就是碰到具体的历史事实,应该发挥想象,让自己"穿越"过去,设身处地跟当时的人一起思考、笑谈、交流。虽不一定事事都记得,但重要的事情就要像自己亲身经历过一样,从而在当中增长见识和本领。

曾国藩认为只有持之以恒地做好这点,才是做好经史学问的惟一法子,除此以外别无他法。

行动指南

管理者要耐心学好各种管理知识,掌握管理案例,将两者结合在一起,通过长时间的锻炼,才能达到融会贯通,且运用自如。针对具体的实践,用则能赢。

星期五
脱略与针线

不了处看其脱略,做了处看其针线。

——《曾国藩文集·冰鉴》

【译文】
没有明了的地方看对方的大模样,做好了看对方的细节功夫。

笔 记

曾国藩爱用比喻来说事,他的这番比喻是拿乡间女子做女红类比的。"脱略"俗话就是"鞋样子",大致的模样;"针线"是指针脚和线脚,指的是很细致的实践操作过程。对于如何学习,曾国藩的这个教导很管用。

毛泽东和蒋介石两人在青年时代都读过曾国藩的书，这是当时青年学子必读书目之一。毛泽东用小楷手抄了曾国藩的日记，并在自己心中对曾国藩的"脱略"有着较深的了解、批判和提升，对他的"针脚"更是熟记于胸。蒋介石在宁波求学时，他的老师顾清廉送给他一套《曾文正公文集》。在以后的岁月中，他手头常备几套这个文集。不但自己看，还送给儿子蒋经国以及一些自己所倚重的部将看，比如戴笠、胡宗南、汤恩伯等人。蒋介石学曾国藩则太机械，从来不会有进一步的发挥和提升。毛泽东则结合自己的信仰，对曾国藩的"实干说"，做出了进一步的提炼和提升，提出"实践论"等。这样历史胜负的答案就不言而明了。

行动指南

学习别人当从大略看起，从细节和程序入手，这两者是一点都不能缺憾的。缺失了大略，意味着失去了方向；缺失了程序和细节，意味着失去了踏实可行的办法。

处世，倚人而起

第一周

星期一

倚人而起

倚人而起,不着痕迹。

——幕僚薛福成论曾国藩

【译文】

依靠着人才而发展,不露出一点痕迹来。

笔　记

曾国藩善于选拔人才,对于人才从来都是善始善终。后人评价曾国藩的成功,有一句断论非常精彩,就是"倚人而起,不着痕迹"。

早年曾国藩到北京翰林院任职时,是一个"从七品"的官员,相当于现在的副处级干部。这样的职级在京城里是毫不起眼的,但他结交的人非常之多,除了重为首辅的老师穆彰阿之外,还包括唐鉴、倭仁等高级别的"院部官员"。同时,他还和李星沅等很多官居外省巡抚一级的封疆大吏有大量的书信往来。所有这些书信,要么谈论文学,要么讨论理学,都是志趣相交。凭借着这样的交游,曾国藩积累了很厚实的政治声誉和可靠的人脉,提拔起来很是快当。

曾国藩成为高级别的官员以后,更是喜欢广交人才。此时,他还能持一颗平等之心,善待那些隐匿在广阔江湖之上、身份卑微、但才能卓著的有德人才。不因自己位高而轻慢他们,不因对方贫贱而忽视他们。而且,即便给予对方极大的帮助,也从来付诸不言之中,使对方打心底感激他,肯为他努力工作,甚至危及性命也毫不犹豫。

行动指南

寻找那些可以帮助你事业的人,无论是高于你的,还是低于你的,无论是你的上司，还是你的下属，待之以诚，晓之以理，动之以情，这样大家自然会伸出帮助你的手。为一个明确的事业目标认真努力，赢得大家的认同与尊重。

星期二
善见他人

见得天下皆是坏人，不如见得天下皆是好人。

——《曾国藩家书·致诸弟书》

【译文】

眼中看到天下的人都是坏人，不如看到天下的人都是好人。

笔　记

儒家思想有过一次很有趣的辩论，那就是孟子和荀子分别主张的，人之性本善还是本恶。孟子认为人性本善，荀子主张人性本恶。这两位大师生活的年代略有差异，因此没能针锋相对地把这个理辩清楚了，给后世留了一个公案。但就儒家学说流传和发展来看，最后还是性善论占了主导地位。"人之初，性本善"，成为了中华历代传颂的一个看人公理。

曾国藩的这句话貌似对这个普世公理的呼应，其实不然。这其中加入了他自己的深切体悟。他的弟弟曾国荃刚刚出道干事，总是不顺，很喜欢说些"愤青"言论，抱怨世道的坏人太多。曾国藩就开导他说："如果你见天下都是坏人，不如看到天下都是好人。"

其实，别人之好坏，完全在于自己之一心。纵然坚持性善论的孟子也感叹过"人之异于禽兽几希"，而秉持性恶论的荀子却也说"人定胜天"。人如果没有一个反躬自问，满眼见都是坏人，那么要么内心失望，一事无成，要么放弃自我，从众从坏；如果满眼都是好人，就会抱有乐观态度，不断择善而从，不断学习别人身上的优点。

行动指南

　　无论是一个国家还是一个企业,管理者一定要存有对组织的信心,相信集体的智慧和力量。良将眼中无差兵,关键就在于如何把这些员工或者组织成员的能力充分地激发出来。

星期三

百夫拾决

　　一人善射,百夫拾决。

——幕僚薛福成论曾国藩

> **【译文】**
> 　　一个人善于射箭,一百个人帮助他拾猎物。

笔　记

　　这是曾国藩麾下一位重要的幕僚薛福成对他用人之道的评价。薛福成本来是一个屡屡落第的普通秀才,满怀一腔报国之志,却一直没有遇到赏识自己的人。在曾国藩攻下天京、重建两江总督府后,薛福成带着一封自荐信找到曾国藩。曾国藩与他交流之下,发现他谈吐不凡,非常富有远见,当即留用在自己的身边。后来,薛福成成为中国最早一代的现代外交使节,出访英、法、意、比等国,写出了一套介绍西方世界的书。由此可见曾国藩发现人才的高超眼光。就连一贯心气高傲的左宗棠都自叹,选人用人,自己不如曾文正公。

　　针对曾国藩的用人,薛福成曾写道:"才能高的人必须聚集更多的人才才能成事,这样获得的成就又能更大。不断积累,将天下的人才全部集中在一起,就可以使得天下太平了。"

　　在吸引人才和造就人才方面,曾国藩的另一位重要幕僚张文虎说:"曾国藩心胸中具备了山川形势和雄才大略,一旦遇到实际情况,就和下属们商议讨论,采用大家的合理建议，汇总成大的策略，并用最优化的建议教导大家。造就人才，没有比这样更迅速的了。"一边广纳群言，一边训练人才，实现自我和人才的双重成长。

行动指南

管理者如何选拔、使用、培养和成就人才是一门重要的功课。管理者要注重：

第一，任人惟贤。实践是考验一个人才的惟一标准，能不能对事务有自己独立的思考，有自己独到的方法，能否在不断调整中出色地完成工作任务，都是衡量一个人才的有效标准。

第二，善于因事训才。对人才的使用，不能停留在学历、背景、经验的认可等粗浅的层面上，要与具体的工作结合。遇事要群策群力地进行讨论，在交流之中完成了事务，也锻炼了人才。

第三，善于抬举人才。人才早期的作用应多发挥在幕后，发挥在基础和初步的工作中。随着人才的培养和成长，要果断地把人才从幕后推向前台，赋予他们一定的权力和声威，使其成为自己的"替手"。

星期四
合众成功

合众人之私，成一人之功。

——幕僚赵烈文论曾国藩

【译文】

综合许多人的私欲，形成一人的功绩。

笔　记

这是曾国藩的重要幕僚赵烈文评价曾国藩的用人时，作出总结的一句话。

用这句话来评价曾国藩用人的精髓,是再好不过的了。

作为一军的主帅,曾国藩个人的成长也经历了重重的挫折。起初,他招募湘军,依靠的是朋友、熟人和学生的力量。这样的一种军队建制,往往是人情大于军法。他自己直属的部队,作战能力非常之差劲,初出师就连遭太平军有力的打击,颜面尽失。而在他麾下,平素不为他所注意的满人塔齐布则取得了湘潭大捷,给他挽回了不少面子。曾国藩从而开始注重治军的严谨,为湘军制定了严格的军规,并通过儒家礼法给湘军注入了英武的精神。

从严治军固然可取,但随后的战役中,曾国藩并没有因为治军从严而取得理想的战果。相反,在开出湖南进入江西作战时,仍是屡战屡败。甚至还不断有将领脱离湘军大部队,自立门户,组军作战。曾国藩内外交困,痛苦不已。也就在这样的痛苦中领悟到了,不是自己理直气壮、大义凛然就能够把事情做好的。对待自己固然要严格,下属和将领们都有各自的利益诉求,只有能够清晰地明察每个人的要求,尊重他们个人发展的意愿,才能凝众力于一孔,实现既定的战略目标。想通了这一点,他实施管理起来就更加灵活了。

行动指南

合众私而成一功。面向内部要实施怀柔政策,提高员工的待遇,对表现优异的员工进行褒奖、升迁,激发员工的热情,上下齐心,共同投入工作中去。

星期五
务实人和

贵得人和而不尚权势,贵求实际而勿争虚名。

——《曾国藩文集·治兵语录》

【译文】

重在得到人心和睦而不在于权势的大小,重在求得实际效果而不在于虚名的大小。

笔 记

这是曾国藩的军事著作《用兵语录》中关于用兵的一句话。对比《孙子兵法》，可以发现曾国藩的军事思想是完全儒家式的。儒家讲天时地利人和，曾国藩就推崇"用兵者，贵得人和而不尚权势"，就是军心要团结，军民要齐心，不崇尚那种"带甲百万、虎视眈眈"的气势。作战中，要把握住真实有效的战绩，不要为争夺一些虚浮的战绩而影响战略规划。

就近现代史的史实来看，居于弱势的力量，完全可以通过有效的政治动员和务实的战略推进，慢慢战胜强势方的力量。这一点对现在的管理工作也非常有价值。

行动指南

在管理工作中，力主造就"人和"的组织文化，避免把确立管理者的权威放在第一要务；作为管理者本身，要时刻保持清醒的判断，什么是"虚名"，什么是"实务"一定要清楚地区分开，最忌被表象所迷惑，而忽略了事业发展真实目标的推进，从而导致前功尽弃。

第二周

星期一
人尽其才

虽有贤才,苟不适于用,不逮庸流。

——《曾国藩文集·冰鉴》

【译文】
　　贤明的人才,如果不适用,还不及一般的庸人。

笔　记

　　曾国藩通览国史,对历史上人物的浮沉有着很深的认识和体会。他说:"虽有良药,苟不当于病,不逮下品;虽有贤才,苟不适于用,不逮庸流。千金之剑,以之析薪,则不如斧。三代之鼎,以之垦田,则不如耜。当其时,当其事,则凡材亦奏神奇之效。故世不患无才,患用才者不能器使而适用也。"

　　这段话的意思是:就算有良药,不能在治病的时候用,就跟药渣子差不多;就算有人才,不适用,就跟庸人差不多。很贵重的剑,用来劈柴,不如斧头;历代传下来的鼎,用来耕田,还不如耜。恰逢时机和事机,普通人也能发挥神奇的效用。所以,不要说人世间没有人才,最怕就是人才不能得到很好的应用。

　　曾国藩的这番话归纳起来理解,一个优秀的人才要被发觉和使用,一定要符合以下三个条件:一是能够独立并具有创造性地做好组织需要的某方面事务;二是和组织整体的价值观保持一致;三是人才要有良好的职业道德意识和修养。这三点缺乏一点,都是不符合要求的,都是"不适用的人才"。

行动指南

　　不要把人才在自己手中变成一个"庸流",如果这样,就是身为管理者最大的失职和悲哀。把合适的人挑选出来，使他们发挥出"神奇的效果"，这是管理艺术的魅力所在。当有朝一日，你发现自己麾下全是适用的人才时，可以说，成功已经在你手中。

星期二
人看志趣

凡人才高下，视其志趣。

——《曾国藩文集·冰鉴》

【译文】

大凡判断一个人才，要看他的志向和爱好。

笔 记

曾国藩对这句话所作的解释是："卑者安流俗庸陋之规，而日趋污下；高者慕往哲隆盛之规，而日高即明。贤否智愚，所由区也。"就是说：低级的人才，无奈于现状，且不思进取。因而日久天长后，变得越来越差劲。高级的人才，总是朝着目标奋勇前进。因而日久天长后，变得越来越聪慧。人才水平的高低，就从此区别开了。

他的这段话基本上概括了古今中外用人的大致原则。曾国藩对自己这句话最深的体悟来自哪里呢？就来自他自己被人所识的过程。传说，道光皇帝老听如穆彰阿这样的重臣们称赞一个叫曾国藩的人，便下诏单独接见他。第一次接见在养心殿书房内，让曾国藩空等了一个下午。曾国藩不解其意。第二天再次诏见时，道光皇帝换了一个地方。君臣聊了聊政事之后，道光皇帝忽然问他对书房内悬挂的字画的看法。幸好曾国藩留心做了准备，对皇帝那间书房里收罗的历代书画珍品，一一加以点评，表现出很高的见地修养来。道光皇帝便认为他是个志趣甚高的人，对他格外重视，从四品官员迅速提升到二品大员。

可见，无论谁用人，"志趣"二字都是关键。

行动指南

管理者要具备很高的内在修养,才能选任出那种"志趣较高"的人才。当一个管理者与人才能以"志趣"为交,则同心同志,行事无所阻碍和停滞。

星期三

本强示弱

本强示弱者多胜,未弱示强者多败。

——《曾国藩文集·用兵语录》

> **【译文】**
> 本来实力雄厚、显示出自己很微弱的多能取胜,本来实力微弱、显示出自己强劲的多会失败。

笔 记

曾国藩率领湘军与太平军作战前,是一个不识军事的书生,而他的主要对手石达开、李秀成、陈玉成直至洪秀全,却是在漫长征途中成长起来的军事奇才。这些奇才们带领太平军横扫东南中国,北伐京师,一时如入无人之境。

曾国藩从没带过兵,也没打过仗,面对着中国历史上规模最强大、革命最彻底的一次农民起义,率领着几千名湘军从弱到强地发展起来,最终灭敌。

从个人的心志、气质、抱负等方面讲,曾国藩是强大的,他自己一度也理直气壮。但经过多次的打击,他意识到纵然理直,气也无须壮,因为事业所需,自己有求于同僚们甚多,需要示弱,需要用"黄老"之术,以获得更多的帮助。即便是湘军力量发展得足够雄厚了,他也没有举全军之力一举攻克天京。而是谋长划远地慢慢从清政府手中获得东南中国的控制权,以便日后广泛地开展洋务,从而把中国引入近代化的轨道上来,学习西方,抵御外辱,逐步自强。因此,他深有体会地感慨道:"本强示弱者多胜,本弱示强者多败。"

行动指南

管理者需要在事业的思考上高瞻远瞩，而在事业的实践上韬光养晦。"韬光养晦"，是中国古老文化留给全中国管理者的一份重要的精神遗产。能够在困难中耐得住艰苦，能够在逐步发展中，不张扬、不傲慢、不自大，保持住一颗沉稳之心和坚韧之气，才能踏实地把自己的目标推进得更远。

星期四
护将事友

苦心护诸将，小心事朋友。

——《曾国藩全书·曾国藩传》

【译文】
苦心地爱护着麾下的各位将领，小心地与朋友共事。

笔 记

曾国藩一度很想好好培养自己的弟弟曾国荃，可惜曾国荃性格、修养和品德与其兄相差太大。他就转而努力栽培自己的得意门生李鸿章。对于李鸿章，曾国藩可以说是知无不言、言无不尽，不但极力举荐，而且逐步把自己的兵权、人事权都慢慢移交给他。自从自剪羽翼、裁撤湘军之后，李鸿章所领导的淮军，成为了整个曾国藩集团中最强劲的一支军事力量。

曾国藩传授给李鸿章的一个重要的治军准则就是："苦心地爱护麾下的各位将领，小心地与朋友共事。"

李鸿章对于曾国藩的教导向来是一点即通。他从少年时代就认识曾国藩，并跟随着他一起成长。以后凡是遇到什么事情，开口闭口都提到"我的老师曾国藩如何说"，并亦步亦趋地按照曾国藩的教导办事。

李鸿章创办了淮军，并领导淮军获得了重要的战略商埠——上海。按照曾国藩的授意,他在上海设立了轮船招商局、江南制造局等近代型的工业企业,以后又创建了北洋舰队。最为重要的是,培养了诸如丁日昌、盛宣怀、刘铭传等优秀的部将和门生,他们继承了曾国藩的精神,崇尚务实与实干,使得整个"洋务运动"在一段时期内获得了鼎盛的风貌。他所取得的这些成就,都与曾国藩"苦心护诸将、小心事朋友"的方针密不可分。

行动指南

管理者对待下属或员工要以"爱护"为主,因为部下或员工是自己做事立业的全部依靠所在。"苦心爱护"四字是说,要以最恰当的方式和方法去爱护,应该促成他们有效地成长;而对待事业上的合作伙伴或者客户,应该"谨慎小心",内心中不能存有任何轻慢和疏忽。惟有此,才能让"朋友"成为战略发展伙伴,成为自己事业发展与前进的推动者。

星期五
中庸仁义

清高太过则伤仁,和顺太过则伤义。

——《曾国藩日记·论"中庸之道"》

【译文】

太过于清高了就会伤害了仁气,太过于和顺了就会伤害义气。

笔 记

曾国藩对于自己这个判断的解决方案是:"以贵中道也。"就是以传统所谓的"中庸之道"为贵。

湘军中"清高太过"的例子莫过于左宗棠。左宗棠为人性格狷介耿直,书生气很重,在湖南巡抚骆秉章麾下任职时,因为和总兵官樊燮一语不合,就大骂别人"王八蛋"。樊燮咽不下这口气,遂上书弹劾他。这事经由湖北巡抚官文的渲染，引得咸丰皇帝大怒，评判他为"劣幕"。幸好朝廷里有很多人保护，称"天下不可一日无湖南，湖南不可一日无左宗棠"，才避免了一场灾祸。曾国藩因此才暂时保住了桀骜不驯的左宗棠。

而"和顺太过"的例子莫过于李鸿章。曾国藩评判李鸿章这个人灵活性很强，但原则性不强，说他"越来越醉心于做官"。李鸿章早年书生气很重，世家子弟的浮浪气质也重，后来遇到了挫折，就变得特别圆滑。对洋人的巴结和利用到了无孔不入的地步，也因此，他经常背上"卖国求荣"的骂名。这骂名虽然有所偏激，但也从侧面反映了他"和顺太过则伤义"的实情。

行动指南

中庸之道是管理者需要用心体悟的高超智慧。中，就是不偏不倚，就是秉持公平公正的立场；庸，不是庸俗，而是实际，实用。在公平公正的立场上，实践实实在在的原则，这的确是老祖宗留下的一份珍贵的管理学教谕。

第三周

忍之为上

百行之本,忍之为上。

——孔子《春秋》

【译文】
　　作为各种品行的根本,以能够忍耐是最好的品质。

笔　记

　　日本人很喜欢汉语中的"忍"字,但又完全不得要领。他们把"忍"当成一种"道术",一种很有阳刚审美感觉的精神,所以言"忍者",实则无可忍。而中华文化中的"忍",是一种柔和的内心品质和生命修为。

　　曾国藩是在中华传统文化的基础上,提出了自己的"忍"之见解:"忍"是内心体悟困境、头脑思考问题和行动自我约束的根本。他说居官的第一要义是"忍",因为做事会涉及方方面面的利益,必生怨气,定然会招致议论和责难。置身事外的人往往只能见到事务的表象,也往往会觉得它非常简单、非常容易,从而大话、空话地谈论事务。而置身事中的人则深知办事艰难的况味,对待批评往往失去平衡之心,易于被激怒、纠缠在意气争执中,从而失去了改进事务的机会,或者耽搁了事务的发展。

　　因此,曾国藩很提倡遇事忍耐,同时不要纠缠于外界的批评,"打落牙,和血吞",贯彻发奋自强、徐图发展的精神。他认为,人必须做到一点,方能理解"忍"字的真谛,即"忍"是一种刚柔并济、求诸自己、和谐他者的高尚修养和精神。而非那种忍耐一时之势,择机日后"以眼还眼、以牙还牙"的内心怨怼。一个真正能够忍耐的人,必须是一个意志坚定、理智明晰、内心开阔、志存高远的人,这样的人一定能成就心中所愿的事业。

行动指南

管理者不要把"忍"当成自己遇事的一种手段,而要作为一种要求和境界:对上级,能够真诚地把他们的责备转化为自身持续改进的动力;对下属,能够理智且宽厚地对待他们的失误;对竞争者,要持平和态度应对,在竞争中强大自我。

星期二

取人为善,与人为善

取人为善,与人为善。

——《曾国藩全书·曾国藩名联》

> **【译文】**
> 从别人身上取得的是善,给予别人的也是善。

笔 记

这两句话是曾国藩处世哲学的一个核心理念,取自曾国藩一副非常有名的对联:"取人为善,与人为善;乐以终身,忧以终身"。

作为一代大儒,曾国藩对于儒家的"仁爱"思想显然是笃信的,同时也身体力行。他在解释自己的历程时说:"别人有善就会指导我,我如果有善则指导别人;连环相生,这样世间的善行就会不中断……我只有用自己的见识,教导更多的人,采取众多人才的长处,改进我自己的短处,才可能把这世界上的善鼓荡起来,从而挽救这个天地间的一线生机吧。"

曾国藩的这种"取人为善,与人为善"的观念早已超出了日常性的"劝善向善"的训诫,进入了洞观国家社会公共伦理的高度。他清楚地意识到,带领湘军打败太平军,意义不仅仅在于平息一次封建王朝内部的动乱那么简单,而是在于教导人心,匡扶腐败堕落的末世王朝,将中华民族奄奄一息的生机给激发起来，从而实现民族、社会和国家的发奋自强。

行动指南

　　管理者应该认识到，自己所经手的事务要顺利发展，必须进入一种善的循环当中。只有管理者自身和员工共同努力，才能实现人和，在天时、地利的良好条件下，取得自己孜孜以求的结果。

星期三
乐以终身，忧以终身

　　乐以终身，忧以终身。

——《曾国藩全书·曾国藩名联》

【译文】
　　乐观地生活一辈子，忧患地生活一辈子。

笔　记

　　中国的古人很早就产生了一种非常辩证的世界观，阴阳相生、福祸相依、正奇互补等等。有关对待人生的态度，同样是这样的阐述，那就是"忧"、"乐"之间的辩证。

　　大多数中国读书人普遍具备较为深重的忧患意识，尤其是传统的儒家读书人，这样的人生态度往往决定着自身命运的沉浮与抉择。曾国藩说"乐以终身，忧以终身"，可以说是这种精神的集中概括。

　　忧患意识是中华民族的一个美好的传统美德，对应西方的理念，就是危机意识。但与之区别的地方，正是曾国藩所指出的，不能只存有危机的焦虑，要乐中见忧、忧中见乐，这样既能保持一种良好的心理状态，又能够不使自身为事务所累。在自己的生活哲学中，曾国藩反复强调"养生"的重要性，并认为养生的首要原则是心境的宽松，不宜思虑过度、欲心太重。"忧乐"的基础在于"乐"而不在于

"忧"，要能够预见良好的发展前景，防微杜渐，对出现的小问题持谨慎之心。如此，则能够在两种看似对立的情绪状态下，很好地控制事务向着心中所往的方向发展。

行动指南

对事业怀有一种终生性的忧患精神，而不是一个时段的危机意识，这是中国传统文化对现代管理学体系的补充。管理者应该热爱自己的事业，并在其中获得巨大的快乐，同时，深怀忧虑地看待自己的所作所为。两者相辅相成，事业才不会停滞。

星期四
笃实强毅

守笃实，戒机巧，守强毅，戒刚愎。

——《曾国藩家书·致诸弟书》

【译文】
坚守笃实，戒备机巧，坚守强毅，戒备刚愎。

笔 记

曾国藩时时告诫自己和自己的家人、门生、部将，要坚持笃实和强毅的品质，慎防机巧和刚愎。

有关笃实，曾国藩指出，就是实实在在、一点一滴地发展自己的力量，不能走捷径。曾国藩非常反感投机心太重的人，总认为投机主义的态度是自己事业的大敌。

而他的弟弟曾国荃却是一个非常刚愎自用的人。所谓刚愎自用，就是强悍地坚持自己的决定或者错误的观点，听不得半点异议，没有半点回旋的余地。这貌似符合曾国藩所提出的"男儿需有倔强之气"，实则却是一种很愚钝的表现。

曾国荃在围攻天京时,贪图大功,不顾其兄的告诫,在没有得到彭玉麟长江水师和李鸿章淮军的支持下,独自孤军围城,常有被反包围的危险。幸好,他深得其兄的"垒战坚守"之法,苦撑了两年,独得了天京。但曾国藩总不以他的这一套为然,总是批评他没有好的幕僚班子,刚愎自用。

行动指南

　　笃实的人自然会克服机巧的心态,但强毅的人却容易陷入刚愎的境地。投机主义的心态和顽固不化的长官作风,都是事业的大害,因为投机容易导致对真正有效的成功之道的忽略,顽固则无法灵活地达成目标。曾国藩的教诲,实在是我们做好事情的金玉良言。

星期五
固德养量

　　人有毁我诮我者,改之固益其德,安之亦养其量。

——《曾国藩家书·致九弟曾国荃》

> **【译文】**
> 　　有人诋毁我嘲笑我的地方,改掉可以提高我的品德,坦然接受也能增加我的度量。

笔　记

　　人总有面对别人批评、嘲笑甚至诋毁的地方,很有人面对这种情况会被轻易激怒,认为外界险恶、人心叵测等等。更有甚者,会产生重重的积虑,导致自己抑郁与愤懑。而曾国藩的这句话,恰恰是这种心病的良药。

　　通观曾国藩的一生,他所受的讥笑、诽谤、轻蔑,何其之多。除开他的上司、同僚、不明就里的民众,甚至连皇帝本人都加以讥诮。曾国藩初次出兵,兵败靖港,自觉羞愧,上书咸丰皇帝求自责。胜败本是兵家常事,何况有救国之难、领军之艰,咸丰皇帝却下诏讥笑他:"就算是惩罚,也该是我定罪,你啰啰嗦嗦求什么罚。"极尽嬉笑怒骂之能事,令曾国藩无地自容。他多次有自杀的冲动,也是因为无法承受这么重的嘲笑所致。

即便是到了晚年,曾国藩出任直隶总督,在处理"天津教案"时不偏袒暴民,这引来了全国的指责。其承受的舆论压力非常之大,曾国藩在写给门生的信中也觉得自己"内惭神明、外愧清议"。可见,他得出如何面对非议的结论,完全是治疗自己内心的压力的心得体会。

行动指南

明智地对待舆论的压力,这是管理者最有效、也是惟一可行的途径。

第四周

星期一
常提朝气

常常提其朝气为要。

——《曾国藩家书·咸丰八年致曾国荃》

【译文】

经常提升朝气很重要。

笔 记

我们看待曾国藩,经常会被一些俗见所左右,不知其人,但凭所传所闻,认为他是一个工于心计、城府很深、老谋深算的人。这就是曾国藩所批评的"未见其人、草做判断"的态度。这种态度甚至连慈禧太后都有,她是一个大胆泼辣的女人,可以一手策划政变,剪除掉肃顺这样权倾一时的重臣,但在外臣中,最怕的就是曾国藩。与身边人交流时,她说过:"曾国藩这人城府深得很,做事却很规矩,朝廷实在猜不透他的想法,只能小心提防。"

事实上,受明末清初一批有创新思想的儒学大师们的影响,曾国藩是一个活力充沛、内心清明的人。他似乎惟恐人们不了解他的想法,经常通过写家书,光明正大地阐述自己对人对事的态度,并且允许家人把家书公开化。可是他的每一步行为,依然受到深重的猜忌和质疑。显然,这问题不是出在曾国藩身上,而是出在环境身上。

那时整个社会文化氛围已经衰败和老朽,对人对事往往思虑过多,猜忌过重,不能做出快捷、明确的判断。曾国藩因此在写给弟弟的信中指出,带兵的人需要经常提升部下的朝气。这种蓬勃的朝气是建立在心地淳厚、目标明晰、意志坚定的基础之上的,正是孔子门生曾子提倡的"弘毅而任远"的道理。

行动指南

管理者要保持蓬勃的朝气，并且把它作为一项重要的管理使命。建立积极向上、乐观进取、平等透明的管理文化氛围，消除组织内复杂的人际争端、利益纷争、错乱的等级和盛行的潜规则，这是保持朝气的途径所在。

星期二
因循误事

因循二字，误尽一生。

——《曾国藩日记·论"发愤图强"》

【译文】
"因循"（因循守旧）两个字，耽误了一生事业的发展。

笔　记

曾国藩早年在自己的日记中写道："因循二事，误尽一生。鼓舞精神，方破此弊。"他很认真地责备自己因循守旧，懒惰，不思进取的人生态度。毫无疑问，曾国藩对自己的批判是很严肃的。用现在的话来说，他内心太过紧张了。不过，他的这种精神对后人产生了潜移默化的影响。

曾国藩是一个尚勤、恶懒的人，虽然身为旧式的官吏，对官场的腐旧气息却很厌恶。潜规则、陋规则的盛行，泯灭了大多数官员的良知。由于官场风气不正，带来了官员们意识的懒惰，普遍私利为首，"三年清知县，万两雪花银"，一点不是夸张之语。如此，他们既不会思变，也不可能看到国家、民族的大问题。所以说，曾国藩所谓因循误尽一生，不单单是指个人，还针对那个风雨飘摇中的大清王朝。

行动指南

打破组织中因循守旧的地方,列出各项主要事务的进程对比,如果发现明显地推进不力,就要提出来和组织成员们一起讨论解决。思考是否是因循守旧、工作缺乏创新所造成的。如果是,果断地加以改进。

星期三
独名折福

独享大名为折福之道。

——《曾国藩家书·致诸弟书》

【译文】

独自享有大名气是折损福气的途径。

笔　记

做事就会产生一定的名誉。事与名、名与利都是相伴相生的。很多人恨自己不出大名,故而用种种怪异的手段求名。可为什么曾国藩说"独享大名为折福之道"呢?

李鸿裔是曾国藩的一位幕僚,为人恃才傲物,喜欢嬉笑怒骂。有一次,他拜访曾国藩,发现他案头上有一些名士的文稿。文稿大致上是一大堆标榜清高的言论,大致是说:"有美人在旁边我不心动,有大堆财富在旁边我也不心动,有高官厚禄在旁边我也不心动"。李鸿裔看了,忍不住在这位名士的文章旁边评点了一句:"这些你都不心动,就是想攀上曾侯爷!"

曾国藩回来,一看字迹就知道是李鸿裔所为,忙差人找他回来道:"很多人没有真才实学,不过靠制造点浮名混饭吃。他的全部身家都寄托在这些浮名当中。当这些浮名越高,他们就越要小心自己被拆穿。得到所谓大名之时,也是最危险的时候,一旦崩溃,就一无是处了。"他的这段话让李鸿裔心服口服,也说明了独享大名、独享浮名的"折福"之"道"。

行动指南

　　管理者因为自己事业的成就而得名，就要让大家知晓成功历程的艰辛与探索，明明白白地讲出所获得的帮助，与大家分享成功的经验。

星期四
不敢为先

　　常存一不敢为先之心。

——《曾国藩文集·用兵语录》

【译文】
　　常常存有一个不敢争先、称大的心态。

笔　记

　　这句话容易引起误解。曾国藩在这里所说的"不敢为先"，并非是说不需要争取优秀的成绩，而是说凡事要争头端。重点在于韬光养晦，不争虚名，只求实效，效果达到，更无需多言。

　　曾国藩统领的湘军起初势力非常薄弱，皇帝在诏书里很多次都不屑提及。就算提及，不过用"湘勇"二字轻轻带过，认为不过是一股地方武装罢了。这支"湘勇"，打仗时胜时败，在晚清军事界，甚至不如赫赫有名的"江南江北"两个大营以及僧格林沁的骑兵部队来得有名气。但就是这支湘勇，把击败太平天国的任务完成得最出色，成为整个东南中国惟一能和太平军抗衡的力量。一直等到湘军攻打至天京城外，皇帝才在诏书里改呼"湘勇"为"湘军"，对之刮目相看。而到那时，湘军的主力已经转移到了淮军和楚军等方面去了，曾国藩又以湘军腐败为由向清廷提除了裁撤湘军的要求。曾国藩做事总是名不为先，但实干绝不松懈。

行动指南

低调做人,高调做事,尤其是经手那些存在着巨大利益纷争的事情。"君子耻其言过其行",专注下大工夫学习和研究如何把事情做得好,自然就淡然了争求虚名的心。

星期五
家和福自生

家和则福自生。

——《曾国藩家书·致诸弟书》

【译文】
家庭和睦,则福气自然生起了。

笔　记

中国有句古话,叫做"家和万事兴",和曾国藩这句话的意思一样。所谓"福气"是一个非常有趣的概念,它综合了中国人对生活殷实、愉快、和睦的全部美好期待。

曾国藩从小受到了良好的家庭教育,从曾祖父开始,到祖父、外公、父亲,无不是知书达理的读书人。特别是祖父曾星冈,是一个治家非常有一套的老翁。而他的父亲则是一个远近有名的大孝子,其母亲江氏是读书人家之女,非常贤惠温和。在这样一个长幼有序、父慈子孝的大环境下,整个荷叶塘的曾氏家族未必很富裕,但整个家庭非常和睦。

曾国藩有兄弟姐妹九个,在他的影响下,其弟如曾国华、曾国葆、曾国荃都走向了投军报国的道路。曾国藩的妻子是其老师的女儿,温柔贤淑,夫妻感情非常之好。夫妇养育了二子五女,由于操持家务过度,其妻染病早衰。一向不信鬼神的曾国藩,多次到庙中为她祈祷平安。更难得的是,即便荣华加身,曾国藩一生都没有纳妾。在东征途中，曾经娶过一个继房，不久病死了。有部将还想为曾国藩再娶，被他以"不耽误人家女子青春年华"为由而断然拒绝了。这在动辄妻妾成群的封建士大夫当中，是非常少见的，更反衬出曾家夫妻间和睦的感情。

行动指南

对于一个企业或者组织来说，创造和谐无疑是管理文化的第一要务。"和谐"的根本在于对组织主导价值观的一致性认同，塑造一种能够被组织成员认同、理解和感到亲和的和谐文化，尤为重要。

择才，广收慎用

星期一

广慎勤严

广收、慎用、勤教、严绳。

——《曾国藩家书·咸丰七年致曾国荃》

【译文】

广泛收取、谨慎使用、勤加教导、严格管束。

笔 记

这八个字是曾国藩赫赫有名的用人"八字诀"。曾国藩很清醒地提出了："英才乃是制胜之本。"他求才若渴，每与人见面、聊天，都希望别人能够举荐优秀的人才给他。有人提到了才异之士，哪怕是有虚名无实干，他都会留心查访。这正是他"广收"的表现。

但大量的人才集中到他麾下，他启用时却非常之谨慎，总害怕自己犯下诸葛亮用马谡那样"一人不慎、满盘皆输"的错误。因此，他经常喜欢召集部下一起讨论事务，但自己一言不发，安静地坐在旁边观察，从细节上观察了解每个人的情况，并配给他们各自适宜的任务。这是他的"慎用"。

曾国藩更重"勤教"，他的大部分的幕僚和部将，其实都是他的门生。他不但视教导他们做事方法为己任，还用自己的言行来影响他们的为人和品德修养。这种良苦用心，深得门生敬佩，部下无人有异心。

"严绳"，就是严格管理。曾国藩管束下属之严格是人所共知的，这种严格，对他的亲弟弟曾国荃也不例外。众部将知道他清廉，因此，曾家的婚丧嫁娶乃至他本人的寿辰，都无一人敢送礼。管束之严，可见一斑。

行动指南

曾国藩的八字诀，完全符合现代管理学关于人才的发现、使用、培养和管理的标准和要求。管理者要把勤于发现人才，根据事业发展小心妥善地使用人才，耐心地教练人才，严肃地管理人才，当成比具体业务还要重要的头等大事来对待。事是人干出来的，财富也是人创造出来的，那些动辄认为"人到处可以找得着"的管理者，必将遭受自己事业的失败。

星期二

人各有性

人各有性，冷者自冷，豪者自豪也。

——《曾国藩全集·冰鉴》

> **【译文】**
>
> 人各有性格，冷淡的人性格自然冷淡，豪爽的人自然豪爽。

笔　记

人的性格的形成，可以说是最复杂的事情了。涉及先天的体质、遗传、后天的教育、环境的潜移默化等综合的影响。曾国藩能够脱离儒家的"性善"或者"性恶"论的陈条，客观地陈述人性，是一种历史的进步。

曾国藩很喜欢根据人的性格用人，曾国藩不止一次在书信、日记以及与幕僚的会议中谈论诸将的性格。他说彭玉麟气质高标、能力很好，完全可以放心地放权让他独当一面；说俞樾博文明理，能静得下心来，是做学问的料子；说鲍超刚毅勇猛，但太粗不能文，可以打大仗，但无法谋大略；而同样是武人出身的杨载福，粗中有细，兼具军事意识和战略意识，是一个帅才；说李鸿章，则是一个非常有头脑的政治家，可以传自己的衣钵，不过也批评他"只爱做官"，世俗气太重，能委以大任，不能有扭转乾坤之功；等等。

　　曾国藩这种看人的观点，归纳起来就是"知人善用"。这是管理者最容易犯下的错误，即只考虑下属的能力，却不考虑他们的性格。关键时刻，下属一点致命的小缺点，可能会给整个事务带来灾难性的损失。

行动指南

　　管理者不是全能的，即使是"教练型"、"导师型"的管理者也不能改变一个员工的天性。这就要求管理者能够具备一定的心理学素养，能够了解和洞察组织成员的性格，特别是那些将被委以重任的人，在授权之前，一定要考察清楚，以切实保证事业的顺遂。

星期三
操守条理

　　有操守无官气，多条理而少大言。

——《曾国藩家书·致九弟曾国荃》

【译文】
　　品德优异、有节操却没有官僚习气，说话很有条理却少有大话、空话。

笔　记

　　这也是曾国藩奉行了一辈子的识人标准，且非常之精准。曾国藩对"官气"、"大言"非常重视，其缘由可以从晚清的文化气象中了解一二。清政府在鸦片战争前，经历了所谓的"康乾盛世"，但由于古老皇权专制所不能解决的政治积弊，清政府正慢慢走向衰败。整个官场，被一种高唱"礼义廉耻、仁义道德"的声音所笼罩，而私下里大大小小的官僚们却结党营私、推崇各种无耻的潜规则。也就是说整个社会主流说得很道德，但实际支配社会运行的却是一些非常不道德的"规矩"。当"所说"和"所做"日益矛盾之时，官员们一方面对传统道德和国家法度不以为意，一方面又变本加厉地把道德和法度作为打击别人的良好工具。这样一来，皇权专制下表面的和谐越来越无法维系，社会也在腐败中日益滑向没落。

身为清廷官员，曾国藩比任何人都深刻地了解这一点。他深知，太平天国革命，与其说是造反，不如说是人民对清政府腐败的反抗。即便是他在率领湘军挽救清廷的征途中，他也处处受到"明着高谈阔论、暗中内耗互争"的官僚们的掣肘。他立志要革此弊病，首先从自己和自己的湘军阵营开始，手把手地调教出一大批注重务实、强于实干的优秀人才，为中国传统社会的稳定和发展注入了最后的心志。

行动指南

为了事业的长足发展，挑选那些品德优秀，说话条理分明，从不喜欢说空话、大话的人，他们将是组织的柱石。

星期四
得一及其余

得一而可及其余。

——《曾国藩家书·致曾国荃》

【译文】

用好一个人才可以发挥其全部的潜能。

笔 记

通观历史，几乎每一个时代、每一个王朝、每一个组织，都把用人问题，放在了重中之重的位置。人是一切问题的关键，成事在人，败事也在人。曾国藩的用人之道的优点，在于他反对清代乃至唐宋以来创立的科举制度，认为科举是历代用人的弊病之源。选拔优秀的人才，应该是因才施用，应该是"不拘一格降人才"。

曾国藩说："用人之道，官绅并重，江楚并用，取之欲广，用之欲慎。"他用人不重出身，不重门第，不重资历背景，等等。惟独贯彻的是"德才兼备"的原则，并且在他看来，"德"是第一位的，"才"不过是辅助"德"的。正是从这一原则出发，他面对强大的太平军时，虽久经战败，且得不到民众力量的支持，但依然很有信心、很有把握能取得最后的胜利，就是因为他手下有一群潜力无穷的精英。

曾国藩在前人经验的基础上，坚持自己用人惟"精"的措施，深知精用人才、用好一个人才才可以发挥其全部的潜能。譬如他与胡林翼相处得非常融洽，胡也甘心为曾国藩所用，即便是位高于曾国藩，也鼎力为其招兵买马、广收干将，直至病死。这就是"精"用人才，把人才对事业发展的积极作用发挥到极致的一个典型例子。

行动指南

重视人才，不能见山只是山，要坚信人才的潜力是无限的。能够用好一个人做好某一件事只是肤浅的用人方法，更有效的是激发人才的全部潜能，让他们成为事业发展的核心动力。

星期五
君子天性

君子所性，虽破万卷不加焉，虽一字不识无损焉。

——《曾国藩家书·致诸弟书》

【译文】
君子的天性，纵然读书破万卷也不增加，就算一字不认识也不会减少什么。

笔 记

曾国藩这里所谓的"君子所性"，讲的是一个人向善、向德、有志成为社会精英的那种品性。这点在中国传统文化氛围内很被看重，认为是一个人能否成人成家的基础所在。这个典型的"君子所性"，就体现在曾国藩与一些有志的武将的交往中。

"君子所性"首推的是鲍超。鲍超是一个粗壮的武人，文化程度不高，为人也比较粗犷。他本来是名将江忠源麾下的一名营官，因为负伤，脱离了江忠源的军队，落得穷困潦倒。伤好了之后，带着妻子去找江忠源。到了长沙盘缠用尽，鲍超没有办法，据说只好卖妻求生。等买方真的要来带走他的妻子时，他心生悔意，恨自己不该为前程典卖了妻子。遂与买方动起了手脚，从而吃了一桩官司。这个官司正好落在了曾国藩的手里，他查明了缘由之后，觉得鲍超是一个可用之才，就责备鲍超不应该在困难之时典卖自己荣辱与共的妻子。他出钱接济了鲍超，让他赎回了妻子，并把他安排在自己的麾下效力。日后，鲍超果然凭着战功，成为了湘军的名将，并屡救曾国藩出危难。

行动指南

相信每一位员工都是一位"君子"，从自身做起，塑造优秀的组织文化，塑造负责、利人、创新、奋进、乐观等一系列优秀的组织品质。

星期一

无现成之才

天下无现成之人才，亦无生知之卓识。

——《曾国藩家书·同治五年三月夜谕纪泽纪鸿》

【译文】

　　天底下没有现成的人才，也没有生来就有真知卓见的人。

笔 记

　　这是曾国藩对于人才的一个基本态度。他向来倡导用人标准不要太高，有专长、有异质的都可以视为人才。因为在曾国藩赫赫有名的用人四字诀中，有一诀叫做"勤教"，即一个有一定天资的人，只要教育到位，使用得当，都能成才。

　　曾国藩辨别人才的方法非常有特色，他不看资历、学历、社会的品藻如何，单凭自己一双眼睛去辨别他人的品质如何。有这样一个故事，说容闳第一次见到曾国藩的时候，曾国藩只是眯着眼睛看容闳很长一段时间，最后才对容闳说："你是一个难得的将才，希望你能留在我的幕下做将军。"容闳以自己志在教育拒绝了，但他很讶异曾国藩的态度，因为，容闳是在西方接受教育的，在西方礼仪中长时间的注视是非常不礼貌的。而其实曾国藩是在识略他。

行动指南

　　当管理者抱怨"无人可用"，或者说"部下能力太差劲"的时候，更要多反省一下平时对"人才"的理解是否到位，对下属或者员工的训教是否到位。人才绝无天生，都是要靠培养才能得来。要用人，必须肯育人。

星期二
君子三乐

君子有三乐，宏奖人才，诱人日进，为一乐。

——《曾国藩日记·论君子三乐》

【译文】
　　君子有三大乐趣，发掘、褒奖人才，引导人才天天进步，是第一乐趣。

笔　记

　　很大程度上，成事之道就是用人之道。曾国藩在组织湘军前，一直是单打独斗，凭借着个人才能在清政府之中不断得以提拔。这当中，少不了他的老师——道光年间的权臣穆彰阿的识才和保举之功。曾国藩为此写过两句诗鼓励自己："莫言书生终龌龊，万一雏卵变蛟龙。"意思是说，别说我这样的读书人迂腐、寒酸，我在等着那一线的机遇，一举由一枚野鸟的蛋变成飞腾九天的蛟龙。

　　这样的心志，是一个人才意欲大展身手的独白。待时代赋予个人机缘的到来，曾国藩潜入南方大地，以极大的魄力，联络各路杰出人士，组建湘军，应对太平天国给清政府带来的危机。自己动手干事业，发掘人才，使用人才，培养人才，提拔人才，成为他主修的一门功课。所以他说，"宏奖人才，诱人日进"是第一位的乐趣。

　　毫无疑问的是，他的努力没有白费。清政府因腐朽体制所遗落的人才，大半为曾国藩收为己用，这类人才包括容闳、华衡芳等一批重要的西学精英，他们的贡献推动了中国的文化向近代化转变。

行动指南

　　"仁者爱人"，管理者要以发现人才、培养人才为乐。这种乐趣是基于"爱人"的基础上的。发现人才的人，要有充分的自信，且没有对人才有任何的嫉妒心理。

星期三

甘雨严霜

褒之则若甘雨之兴苗,贬之则若严霜之凋物。

——《曾国藩家书·致友许振炜》

【译文】

褒奖的时候像甜美的雨水把树苗给滋润了,批评的时候好像严霜凋敝了枯物。

笔 记

蔡锷将军曾品曾国藩:"出身词林,于兵事一端,素未梦见,而其所供之役,所毕之功,比之古今名将,毫不逊色。"曾国藩能以一介书生,取得不逊于古今名将的功绩,在于他善于用将。而善于用将的基础,则在于善于育将。曾国藩与许振炜讨论人才培养时曾说:"褒奖的时候像甜美的雨水把树苗给滋润了,批评的时候好像严霜凋敝了枯物……用这种办法,人才一定勃然而出。"

且看曾国藩如何培养自己的"接班人"李鸿章的:李鸿章在投奔曾国藩之前,跟随过很多官员。迫不得已,他投奔曾国藩。但曾国藩晾了他一个月,经过幕僚陈鼐推介才肯见他。李鸿章没有早起的习惯,但曾国藩却是个非常尚勤的人。李鸿章入幕僚之后爱睡懒觉。曾国藩为此勃然大怒,当众斥责了他。但李鸿章在曾国藩身边的长进是飞快的,他慢慢从老师随时随地的教导中熟悉了骑兵的操练、水师的操练、步兵的指挥,三大兵种指挥得心应手。同时,也学到了曾国藩的"堡垒战术"、"站墙子"防御术、保粮道的坚守术、火炮攻击术等,甚至能自己动手绘图制造战舰。至于用人之术、学问之术、处事之术,更不用说了。李鸿章自己也感慨:"我跟过很多老师,没有一位像他老人家这么善教的。"而曾国藩却赞叹:"少荃天资聪明,文才出众,将来一定能够超过我。"真是倾其所学,褒贬有度,用心良苦。

行动指南

管理者要本着对事业负责的态度，尽心尽力地培养自己的"接班人"。

星期四

重言少誉

若日日誉人，人必不重我言矣。

——《曾国藩家书·致弟曾国荃》

【译文】

天天夸奖一个人，他一定对我的话不以为意了。

笔 记

曾国藩是一个说话非常谨慎的人，不轻易表态，也不轻易对人加以品藻。他的这句话，可以说是他这种言行的心声所在。

曾国藩将整个太平军的势力驱赶出湖南省之后，面临着出省作战的重大转机。因此，总结已有的战功，褒奖自己的部将在这时显得非常重要。通常，奖励部将的办法无非保官和赏钱两套路子。升官和发财固然可喜，但不至于让人感受到统帅的器重。曾国藩却别出心裁，凡是有大功勋的战将，赐发腰刀一把作为凭证。于是，整个湘军欢声雷动，诸多将领认真总结自己的军功，为的就是要争得一把宝刀。

显然，曾国藩的这一奖励措施非常有效。武将都以佩刀为荣，有曾国藩亲赠的佩刀在手，就可以作为战功卓著的永久性标识。这种奖励性行为，后来连蒋介石都非常赞赏，他发给自己学生的短佩剑"中正剑"，正是效仿曾国藩的做法。

行动指南

要使得员工"重"自己的"言"，管理者自身要做到"言"重，说话要"言必信，行必果"，奖励和惩罚要"重"，不可太滥，也不可太吝，不能凭自己的感觉和喜好行事，而要根据事业的发展和实际贡献作出奖惩。

星期五
正己尽己

惟正己可以化人，惟尽己可以服人。

——《曾国藩日记·论修身服人》

【译文】
　　只有端正自己才可以感化别人，只有尽到自己的责任才可以使别人服膺。

笔 记

　　曾国藩反复强调把"修身正己"放在第一位，这种端正的行为不仅使自己的部将得到了感化和服从。甚至，也令其对手感化了。李秀成是太平天国的忠王，整个苏福省的领袖，长期在苏州，威望非常高。他带兵解救天京之围时，不幸被湘军所俘获。但李秀成很有气节，拒不投降。曾国藩就亲自审问他。据说，交流之下，他对曾国藩的厚德厚望非常服膺，很诚恳地说若能获得一线生机，愿带领二十万太平天国的将士为曾国藩效劳，北上扫灭清廷。曾国藩当然没有接受他的建议，但这件事所表现出李秀成对他的崇敬却是非常真诚的。

　　以身作则，对于管理者来说，不仅是职责的需要，也是修炼自己的重要条件。一个不称职的管理者，要想让组织内人人尽忠职守，等于是天方夜谭。

行动指南

　　不要寄希望于下属和员工的自觉，如果管理者不能做到以身作则，那么，结果一定就是"上梁不正下梁歪"。

第三周

星期一

观己观心

善观人者观己，善观己者观心。

——《曾国藩全集·冰鉴》

【译文】

善于看人的人应多反观自己，善于反省自己的人应多反省自己的内心。

笔 记

曾国藩的这句话有两层递进的意思。人若善于看待、评判别人的是非，首先应该不断反观自己，对自己的一言一行，自己是否足够地了解，乃至具有足够多的批评精神。而善于反观自己言行的人，更应该深入到自己的内心中去，考虑引发自己行为的思想和动机是否纯良，是否符合人情常理、道德规范和法律法度。

曾国藩这种高深的"观人观己、观己观心"的修养法门，恐怕对大多数的现代人来说，显得繁琐与疲惫，若非有很高的自觉性，绝难以做到。我们中很多人能很聪明地掌握各种做事的方法，而对这些方法服务的方向以及事件本身缺乏清晰的判断。这就是没有足够做到"观心"所致。

管理者的职责要求他（她）必须要和很多人打交道。长久的职业训练，可能给管理者带来一个显著的职业自负，就是"看人很准"。可往往，一个称职的管理者在普通事务上看人、用人的确很准，但在一些关键节点、关键事务上，他所看中的人往往会给他带来或是正面或是负面的重大影响。这可以说是非常有名的管理悖论。用这个悖论可以解释为何小心谨慎的诸葛亮在看待马谡问题上会大失其手。因为，诸葛亮没有反观自己，他不顾众将的反对委以马谡重任，一点没觉察到自己在这件事上夹杂了太多对马谡的偏爱。就这么一点点自己都不能察觉的偏爱，导致了一着不慎、满盘皆输的惨况。

行动指南

　　无论在生活中、还是在事业上，当你充满着"看人很准"的自负时，请冷静下来，用积累下来的看人的经验，看待自己，端正自己的行为和内心。这时，改进自己，端正内心，则会更加清明。

星期二

面部如命

　　面部如命，气色如运。

——《曾国藩全集·冰鉴》

【译文】
　　面部象征并体现着人的大命，气色则象征并体现着人的小运。

笔　记

　　据说，曾国藩写过一本有关相人的书《冰鉴》。《冰鉴》意为以冰作镜，能观得通透。在书中，曾国藩细细地描绘了如何识别人才的神品、骨骼、身量等，在"气色"这一章里，他开门见山地写道："面部如命，气色如运。"

　　人的面部是一个人与别人交往的第一窗口，也是重要的个人信息的载体。看一个人，并非说五官漂亮就好，而是面部投射给别人的综合信息。一个内心素养好的人，脸上的表情总是充满亲和之力，传达出的是平和的信息，容易赢得别人的好感。一个内心素养不好的人，脸色喜怒无常，或者常常愁容满面，或者虎视眈眈，总之，是让人看着不舒服。这样的人，显然不能获得别人的好感。一个人，如果不能和别人融洽相处，无论自己做事，还是带领着一群人做事，都会因此而困难重重。

　　一个管理者应该时时用心关注以下四项"功课"：第一，团队的业绩；第二，团队的工作状况，质量、效率、效益和整体工作能力等；第三，团队的可持续发展状况：创新能力和行业沟通能力等；第四，团队的士气和精神风貌。

这四项中，一般管理者最重视的是第一点——业绩，最容易忽略的就是第四点。因此，在注重自身形象和内在气质塑造的同时，更要花精力对团队精神进行培养和塑造。

行动指南

首先，要注重现代礼仪的培训，让团队成员拥有各自岗位上需要的仪容和礼节。

其次，要注重团队文化的培养，善于发掘团队工作中的积极因素，加以褒扬，成为整个团队所共有的精神基础。同时对团队工作出现的不规范动作和潜规则加以惩戒，保证团队文化的积极性。

最后，要保持个人气质与团队气质的统一。管理者和领导者如果自身不能融入团队文化中，如何能让团队成员心悦诚服，如何能促进团队气质的培养呢？

星期三
两目见神

一身精神，具乎两目。

——《曾国藩全集·冰鉴》

【译文】
全身的精气神，都体现在两只眼睛当中。

笔 记

曾国藩爱相人，特别爱观察别人的眼睛。他曾经列举自己心目中认为好的眼神、眼色、眼神状态等，以目光炯炯、眼瞳深漆有光、眼白明亮为最佳。

说到眼睛，必须提一提一个关于曾国藩眼睛的小故事：曾国藩是一副典型的老儒者形象,长而消瘦的脸,留着长长的胡须。最突出的是,长了一对小而聚光的三角眼。曾国藩喜欢眯着眼注视别人,总这样子,容易给人一种阴险的感觉。他的弟弟曾国荃就提醒他说,被他这样的目光注视得很不舒服。曾国藩从此格外注视自己的目光,尽量不眯着眼睛看人。后来人记录他的容止,说他目光祥和。足可见,曾国藩在细节方面是非常小心谨慎的。

其实,现代的管理者与人交道打得多了,遇人多了,自然会获得很多的体会:一个性格开朗的人,目光中总微含笑意;一个性格内向的,总躲避着与别人目光相对;一个内心沉郁的人,目光游移,阴冷;一个胸怀宽广的人,目光总是炯炯有神……高超的管理者总是会在别人的目光之中,捕捉到很多的信息。

行动指南

管理者在注重自己内心修养的同时,要注重自己的仪表修养。注意组织成员或者员工通过表情和肢体语言表达出的内心信息,并要善于用形象、表情和肢体语言与他们进行交流。

星期四
知人共事

好便宜不可与共财,狐疑者不可与共事。

——《曾国藩日记·论与人共事》

【译文】
贪小便宜的人不能与之共谋财路,性格多疑的人不能与之共同干事业。

笔 记

这句话是曾国藩在接人待物方面的一句忠告。什么样的人可以共事,这点对一个人很重要。因为人的成功与否,一方面来自他自己的努力,另一方面还在于他和什么样的人在一起。

一个好贪小便宜的人，眼光肯定不会看得久远，与这样的人共谋财路，必然会得了小便宜却失了大前途；一个性格多疑的人，立场往往不能坚定不移，与这样的人共事，会把事业卷入错综混乱之中。

曾国藩所共谋事的人非常之多，他也很多次吃过别人的亏。但吃亏不要紧，关键是在吃亏中找到真正可以共谋的人。比如胡林翼，就是曾国藩找到的最好的搭档。胡林翼早年是个世家子弟，放浪形骸，后来幡然悔悟，浪子回头，率领五百人马远赴广西去镇压太平军。曾国藩果断地邀请他到湖南参加他的湘军。通过在湘军的战功，胡林翼平步青云，当上了湖北巡抚，坐镇武汉，鼎力支持曾国藩。两人都是眼光长远的优秀人才，联手谋事，到了相互信赖、心有灵犀的地步。

行动指南

远离那些不可共谋事的好贪小便宜者和狐疑者，选择几个优秀的知心同仁一起开拓进取。同心同德之人对于人生来说，非常之宝贵，哪怕是只有一个知己，也能够获得巨大的支撑力量。

星期五
兵贵精，不在多

兵贵精，不在多。

——《曾国藩家书·咸丰七年致曾国荃》

【译文】
军队的士兵贵在精锐，不在人多。

笔 记

曾国藩治军思想很独特，即以思想工作统领军队的建设，他所使用的思想，就是儒家思想。

　　湘军整个部队招募的军官和士兵，都是"有关系的"人。所谓有关系，就是必须是同乡、同学、师生、亲朋子侄等，要多人举荐。这样一来，到了部队，因为亲缘、血缘和裙带关系的扭结，个人会自然而然地融入到整体之中。曾国藩再以儒家传统的忠孝仁义思想来统领这支军队，整个军队的凝聚力得到空前加强。

　　为此，曾国藩设计了与湘军实际情况相符合的一套招募、考评、提拔、奖惩的措施，让一个人的荣辱与一群人的荣辱相统一。身为主帅，他自己也作出表率，让自己的弟弟们投入军队中效命。同时，还编撰出了通俗易懂的诸如《爱民歌》、《勤操歌》等歌谣、口诀在队伍当中传唱，非常鼓舞士气。这样一来，整个湘军打起仗来人人奋勇向前，个个争做先锋，成为当时最有战斗力的一支劲旅。

　　通过编练湘军，曾国藩得出了一个重要的经验，就是"兵贵精，不在多"。这里的"精"，一方面是指精练，另一方面是指有精气神。曾国藩最初带湘军出省作战时，水陆两师总人马不过一万五千人，面对着有数百万人之众的太平军，却直取其要害取得胜利，就是"精"在起作用。

行动指南

　　兵贵精，言也贵精，以精干的行动取得优异的效果，这绝不是一句空话。

星期一

德才不偏

余谓德与才,不可偏废。

——《曾国藩家书·致曾纪泽》

【译文】

我认为品德与才能,不能有所偏重。

笔　记

曾国藩有一番话说得非常精彩,他说:"德与才不可偏重,譬之于水,德在润下,才即其载物溉田之用;譬之于木,德在曲直,才即其舟楫栋梁之用。"就是说人的品德就像水的滋润和木材的直与曲一样,先有滋润,后才能浇田;先成为直木,后才能当成舟船栋梁使用。

为此,曾国藩针对人才,提出了"中庸之德"的标准:这样的人才粗看很普通,脾气也很温和,说起事情来没障碍,缄默的时候很安静,但为人很通达。性情柔和,但骨子很硬,胸怀很广大,但绝不瞧不起普通人。有天地一样自然而然的德行,更有人和之功,柔中带刚,非常坚韧,百折不挠,越挫越有力,这是最没有脾气却最厉害的角色。这种人平时无声无息,一旦临事,就如江河决堤一样;一旦事成,又安静得很,似乎什么都没有做一样。在日常生活中,能威严,能温和,能强辩,能沉默,能开疆拓土,也能四平八稳守成。当然,这是一种理想人格,纵然曾国藩自己也承认做不到。

行动指南

一个头脑清醒的管理者,应该充分领悟到曾国藩所强调的"德为源与本"的涵义,注重加大对人才德行的考察力度,保证自己的事业交由那些品德高尚的人去掌舵。

星期二
驭将推诚

驭将之道,最贵推诚,不贵权术。

——《曾国藩家书·致曾国荃》

【译文】

驾驭将领的道理,最可贵的是诚心以待,不重在手段。

笔 记

曾国藩初办湘军的时候,自己既无兵马、无豪财,也无地盘,最大的问题在于,还没有一点领导军事作战的准备和经验。从一无所有,到攻陷天京,短短十多年间的变化,全在于他善于用人。

曾国藩以捍卫儒家正统思想为旗帜,很快获得了各路团练军队的精神领袖的地位。其后,他广泛将人才搜罗在帐下,如滚雪球般地发展。扶植、培养了如罗泽南、塔齐布、多隆阿、鲍超、左宗棠、李鸿章、杨岳斌、沈葆桢、彭玉麟等一大批杰出的将领。这些将领,个个都有过人之处,甚至很多人如曾国藩一样,都有自立自主、独开一片天地的大才。能驾驭这样一群杰出的人才,成就一番大事业,与曾国藩始终"诚恳"的人格魅力大大相关。

他以诚心赏识人才的才干,坚持平等待人,没有因自己位高权重而轻慢任何人才,选拔了诸如彭玉麟、赵烈文这样一无所有的寒门读书人;他以诚心评价人才的功劳,属于部将的功劳,他绝不染指,在给皇帝的奏折中明白陈述,加以举荐;他以诚心解决人才的困境,左宗棠身陷诽谤案件中,曾国藩不惜自己身家性命,多次上书担保。因此,凡曾国藩的部将没有不对他的为人敬佩有加的,也没有不服从他的威望,为之努力效劳的。他的事功,百分之九十是麾下一等一的人才所成就的。

行动指南

要想用好人才，就必须要做一个诚心、诚意和诚信的管理者，通过人与事的相互促进与长进，实现远大的目标。所有笼络人心的小手腕只能施小恩小惠于一时，不能作为长久之计。

星期三
表现才干

有才干，定要表现之。

——《曾国藩家书·致彭玉麟》

【译文】
有才干，一定要表现出来。

笔 记

彭玉麟，是湘军一位非常著名的将领，早年应试不第，曾经参军镇压过农民起义。后因为看透了清廷政治的腐朽与没落，归隐乡间，无心为统治者效力。作为一个身在社会底层的读书人，彭玉麟可以说是清朝乃至整个封建科举时期正直士子的一个典型代表。

曾国藩发展湘军时，有人向他推荐胆略过人的彭玉麟。对于这样的人才，曾国藩花了比刘备三顾茅庐还要大的诚意和耐心，极力邀请他出山。彭玉麟以替刚刚去世的母亲守孝为理由，极力推辞。曾国藩就对他说：是人才，就要表现出来。如果你这样的人才再不出山，听任太平军横行乡间，别说父子不能相互保全，就是你想长期为你母亲守墓能做到吗？

彭玉麟听了之后，大为感慨，立即出山，为曾国藩创办湘军效力。后来他一手主创了湘军的水师，并用西洋武器进行装备，连连打了许多胜仗。再其后，他把湘军的水师发展成了长江水师,基本上扫清了太平军在长江上的水军,为天京的合围打下了坚实的基础。可以说,曾国藩说动彭玉麟出山,是给自己添上了一个极其得力的"替手"。

行动指南

孔子说过"当仁不让",管理者一定要有这种能力,让"当仁者"不让自己的"仁",把才干表现出来,发挥出来,融合到事业的发展中来。

星期四
宜略小节

既爱其才,宜略其小节。

——《曾国藩日记·论使用人才》

【译文】
既然爱一个人的才能,就不必太计较他的小过失。

笔 记

李鸿章开始在仕途上并不得意,最大的收获是投奔在曾国藩的门下治经学,成为了曾国藩的门生。

李鸿章早年志向很大,也很有才学,曾国藩对他的评价是"才勘大用"。但他心高气傲,不能容人,又好与他人争才辩学,很浮躁。他这些缺点非常显著,曾国藩也心知肚明。早年,李鸿章一度在安徽组织团练,但由于他的"喜欢浪战"(就是无战略目的地随意作战),而且对民众比较残暴的致命缺点,很快失败了,差点被太平军合围,送了全家老小的命。之后,他投奔了曾国藩的湘军。曾国藩对之严加教导,并故意在具体事务上冷落他并磨炼他的心志。最后,李鸿章还是因曾国藩没有采用他的建议而脱离了湘军。

曾国藩倒不以为然,等到他欲图组建一支新军队支援上海的时候,他邀请李鸿章出山组建淮军。经过这一番心志的磨炼，李鸿章成长了许多，痛改了自己很多毛病（比如不够勤奋，睡懒觉，好口出大言、狂言等），出色地按湘军制度组建了淮军，并以此为政治资本，干出了一番轰轰烈烈的事业，成为了塑造中国近代历史的一个标志性人物。当然，李鸿章骨子里一直没有改变的、浓重的封建士大夫气、官僚世家子弟气以及贪图享乐、不耐烦劳的习气。这使得他受惠于曾国藩的智慧的同时，习不得曾国藩那种品质与修养，也无法超越曾国藩。

行动指南

金无足赤，人无完人。爱才，不可求全，得到人才的大用之处，可以忽略他（她）在一些小地方的不足。管理者要善于利用自己的优点，来弥补人才的不足之处，这样互补、互惠，才能把事业不断地推向高潮。

星期五
人性九质

性之所尽，九质之征也。

——《曾国藩文集·冰鉴》

> 【译文】
> 人性的止境，无非九种特别的征兆。

笔 记

曾国藩看人很有本领，有一次李鸿章带着几位部属拜访他。没有等李鸿章介绍，曾国藩就一一大致说出这些人的任职和性格情况，评价之准确，令李鸿章大为惊叹。

他何以做到这点，正因为深知人物心性才情变化的九大征兆。哪"九征"呢？"平陂之质在于神，明暗之实在于精，勇怯之势在于筋，强弱之植在于骨，躁静之决在于气，惨怿之情在于色，衰正之形在于仪，态度之动在于容，缓急之状在于言。"

　　这实际上就是九种识人之法。看一个人的神采,可以辨别他的忠奸贤肖;看一个人的精神,可以看出他是否聪明;看一个人的筋骨,可以识出他的胆量;看一个人的骨骼,可以知道他的强弱;看一个人的谈吐、气质,可以发现他是否沉得住气,是否具有临危不乱的素质;看一个人的表情,可以知道他的情绪状态,厚道之人,气色温和柔顺,勇敢之人,气色刚毅,聪明的人,气色豁达;看一个人的仪表,可以识其修养高低,"端庄厚重是贵相";看一个人的容貌,可以识其内心品质;看一个人的言谈举止,可以判断其性格,所谓言为心声,性急之人,说话爽快,性柔之人,说话平缓;等等。

行动指南

　　管理者看人,不妨试着从曾国藩所总结的这些方面去看看,是否能获得不一样的结论。或者是心里本有所得,很容易与他的言论共鸣呢?

用人，奖其长规其短

得人而国家强

国家之强，以得人为强。

——《曾国藩文集·敬陈圣德三端预防流弊》

【译文】
  国家的富强，在于得到人才。

笔　记

这句话正是来自于曾国藩写给咸丰皇帝的那份著名的奏折《敬陈圣德三端预防流弊》，他向皇帝诚恳地指出，现在清政府最大的弊病就在于用人的无力。在内忧外患交困中，如果希望国家能够强大，就一定要得人才。

这些话极大地触怒了皇帝。当时，清廷用人究竟是一种什么状况呢？当时京城各衙门中公事很少，堂司各官每天到衙门一次，应付点卯，无事便走。有人写一对联讽刺官员所做之事："大人套车，中堂请轿；茶房开饭，苏拉倒茶。"意即尸位素餐，行政不作为。清末京城还流传着一条顺口溜说："京城无用之最：太医院的药方，翰林院的文章，都察院的奏章，光禄寺的茶汤，銮仪卫的刀枪，金鱼池的婆娘。"以此讥讽那些徒具虚名、全无实用的人和事，可见这些"有司衙门"人浮于事，无所用处。曹振镛是乾隆、嘉庆、道光三朝元老，极尽恩荣，内外倚为重臣，晚年其门生向他请教经验，他说："无他，但多磕头少说话耳。"有这种人事风气，清政府如何能不弱？

曾国藩日后的用人，完全是不拘一格降人才，一切以德才兼备为标准，一改京城官场用庸才、懒人、浮名之徒的状况，才能取得"中兴"的大功。

行动指南

管理者要汲取曾国藩成功的经验,把"得人用人"视为组织的生命所在。在组织或者企业中,管理者单个强不算强,要全体员工一起强起来,组织才能真正实现自身的强大。

星期二

选将五法

选将五法:忠、廉、简、智、忍。

——《曾国藩日记·论选将之法》

> **【译文】**
>
> 挑选将才的五个重点:忠诚、廉洁、质朴、智慧、忍耐。

笔 记

早在曾国藩回湘乡县操办团练之前,当地的士绅早已开始创办团练了。曾国藩创办湘军并非从零开始,而是建立在好友刘蓉、罗泽南等人的基础上,不过他接手这支队伍,却有着自己独特的想法。他希望能在湘军中塑造儒家礼教,"以类相求、以气相引",不但能使湘军打败太平天国,同时还能具有"转移世风"的政治和教化功能,以图"塞绝横流之人欲,以挽回厌乱之天心"。

曾国藩煞费苦心,体现在他对将领的挑选与使用上,他认为:"挑选将才必求智略深远之人,又须号令严明能耐劳苦,三者兼全,乃为上选。"希望选拔到那些能够带兵打仗的书生作为将领,从而带动一批正直而有才能的人为朝廷效力,更重要的实现他匡扶世道、转移世风的目标。

曾国藩的选将五法,就是基于这种构想。他力主选拔"忠义血性"、"清正廉明"、"简默朴实"、"智略才识"和"坚忍耐劳"的书生。希望他们能一改以往绿营军官官气深重、投机取巧,钻营懒惰的风气,把正直的读书人推到那些决定国家命运的职位上来。

事实上,曾国藩探索出来的这条"文人带兵"的办法很管用,其利用了文人较高的智商和急欲建功立业的强烈渴望,为中华文化浴火中的新生埋下了深深的伏笔。

行动指南

按照曾国藩所指示的这五点,选配好组织中各层各级的管理者:忠诚于自己的组织,为人廉明,简单,质朴,有高超的智慧,没有太多、太深的心机,能吃苦耐劳。这样的人,正是潜伏在马群当中的千里马。

星期三
多选替手

办大事者,以多选替手为第一义。

——《曾国藩家书·咸丰六年致曾国荃》

【译文】

要干大事业,以多多选好的副手作为第一要义。

笔 记

曾国藩这里所提到的"替手"二字的含义,不仅仅指"人才",还有能够替代自己的人。能达到代替自己这个级别的人才,毫无疑问是中流砥柱的帅才。"替手"应该具备这几个条件:

第一,高度认同自己的战略决策。与领导者本人,在原则或者纲领性问题上保持着一致的判断。没有原则的一致性,就没有方向的一致性。很难想象,两个价值观互不认同的人能够在一起干多久。

第二,拥有比领导者本身更具体的执行能力。替手应该在某方面有所长,所长之处甚至连管理者本人都无可替代。替手应该具备某方面的专家资质,能够代替领导者在具体的管理工作中发挥到决定作用。

第三，与领导者之间具有良好的信任和默契的配合。替手对领导者的信任，应建立在对领导者思想充分理解的基础上，具有自我选择性认同的信任。两人之间也应在超出具体工作之外有合作或者沟通，以达到默契。

曾国藩在领导湘军时，因父亲去世奔丧，有半年不在军中，他也不插手过问政治、军事。但就在此期间，他的部将稳妥地推进着战局，而他的幕府班子则稳妥地推进着政局，既让太平军无法击溃湘军，也让清政府无从夺取湘军的指挥权。这就是他所选拔的彭玉麟、李鸿章、胡林翼、左宗棠、杨岳斌、曾国荃等一批"替手"发挥的重要作用。

行动指南

寻找替手，需要以满腔的诚意发掘人才，以极大的热忱训练人才，以足够的信心委任人才：

第一，当好"教父"，能够做到以极大诚恳和热情向优秀的人才展示自己的思想。

第二，当好"教练"，能够把自己的"替手"训练成另一个自己。

第三，放手授权，信托管理。充分的授权（并授责），并善于对"替手"作出良好的信托管理（基于完全信任的目标责任管理），是一个优秀领导者的必备素养之一。

星期四
爱兵如子弟

带兵如父兄之带子弟。

——《曾国藩文集·治兵语录》

【译文】
带领士兵好像父亲、兄长带着自己的儿子、弟弟。

笔　记

曾国藩骨子里是一个书生，他担任湘军的统帅后，并没有把指挥作战和自己所遵行的儒家理学看成截然不同的东西,而是用儒家的"仁义"和"礼治"思想来规范湘军的训练。曾国藩从一个农家子弟的朴素感情出发,说道:"我辈带兵,如同父兄带子弟一般,无银钱,无保举,只是小事情,切不能让他们因为扰民而坏了品德,因嫖赌吸毒而坏了身体,希望他们个个学好,人人成才,则普通士兵们感恩戴德,他们的父母妻子也会感谢万分的。"他还说道:"将领管理兵勇,如同父兄管理子弟,父兄严格,则子弟就有教养,则家庭必定兴旺发达;溺爱的,则子弟就会骄纵,那么家庭一定会败落。"

曾国藩的这段话,蔡锷将军对之评价非常之高:"带兵如同父兄带子弟一语,最为仁慈贴切。有这一句话,则古今带兵的格言,千言万语都没有任何意义了。"蔡锷的评价贴切地表明了曾国藩带兵思想的精髓,"仁义"与"立人"。这也是所有管理者认识的盲区。管理事业的目的是什么?很多管理者,即便积累了丰富的管理经验,也无法回答这个问题。

曾国藩通过其对儒家教义的实践,说明了"立人"乃是根本的归宿所在。曾国藩对自己训练士兵的工作有两个要求:第一个是锻炼好本领,训练好身体;第二点更重要,就是要好好做人,要"人人学好",为此,他苦口婆心地把农民出身的士兵们都当成自己的弟弟、学生那样进行训诫。而每次训诫,都能极大地振奋人心,凝聚军力。

行动指南

以人为本,是管理的高端境界。管理者的职责不是把一项项事务处理得井井有条,而是造就出一批既能够符合管理规范,又能够自主、自立、创新展开工作的人才,让具体的管理融入高效运行的工作实践之中。

星期五
同心而后言战

诸将同心,万众一气,而后可以言战。

——《曾国藩文集·劝训练以御寇》

【译文】

　　将士同心协力，所有人都有一样的气概，之后才可以说开战的事。

笔　记

　　曾国藩治军的思想首先重气，他说"带兵首推气"。良好的士气，不仅仅是某一时某一刻的士卒们的情绪状态，而是整支军队，在整个战争过程中的精神底气。曾国藩把自己的整个湘军看成是一个人似的，而他自己就是这一个人的父兄和老师。面对自己麾下的将领（更多的同时也是他的学生），曾国藩强调"勤教"的功夫，目的就是务必使将领们遵照儒家的伦理原理，和自己的认识、价值观保持一致。比如在平息太平天国问题上，曾国藩和他的将领们保持着惊人的一致，把满腔扭曲了的仇恨都发泄到了太平军身上。曾国藩写过一篇讨伐太平军的檄文，称太平军要把中国数千年的人伦道统破坏干净，因此罪孽深重，人神共愤。这篇著名的檄文一出，他与太平军的胜负就已在冥冥中作了定数。

　　曾国藩本人对太平天国非常之憎恨，情绪之激烈，有点近乎变态，诱降了李秀成，却又背信弃义地处决了他。与他类似的，李鸿章曾在苏州诱降太平军，而所有投降的太平天国战士都被他一夜之间屠杀得干干净净。曾国荃更是心狠手辣之辈，放纵自己的部下杀人放火，不但太平军，连同同情太平军的黎民百姓一概不手软，攻破天京城后，所部烧杀抢掠，使得繁华的南京几乎变成了一片焦土。但客观地说，这种严整的价值观和士气，对塑造湘军彪悍战斗力而言，起着非常大的主导作用。

行动指南

　　曾国藩所提出的先实现"诸将同心，万众一气"，然后才能"开战"的思想非常合理，就是组织的精神状态，要充分为事业开拓做好准备。管理者需要塑造组织统一的价值观，统一的目标意识，时刻要对组织或企业内部的士气保持着敏感。如果士气不高昂，一定要当做一个重要的问题来对待。因为这将极大影响到成事的质量。

星期一

举世可信

以举世皆可信者，终君子也。以举世皆可疑者，终小人也。

——《曾国藩日记·论君子胸襟》

【译文】

认为世界都可以相信的，最终还是君子；认为满世界都值得怀疑的，最终还是小人。

笔　记

孔子说"君子坦荡荡、小人常戚戚"。曾国藩不纠缠于君子或者小人的道德性评判，而是从内心深处的体味来加以阐述。那种对世界抱有坚定信念的人，和那种对世界充满怀疑和对立情绪的人，心胸的宽广与狭隘，光明与幽暗，是一目了然的。

曾国藩起兵后，连连取得战功，咸丰皇帝一时高兴，要提拔他做湖北巡抚。立即有大臣向皇帝进言道："曾国藩服丧，居住在乡下，充其量也就是一个普通百姓，能在片刻之内，号召建立起几万人的军队，不能不加以防备啊。"咸丰皇帝一听，立刻取消了对曾国藩的提拔。这一事件，正是小人与君子心胸的区别。曾国藩是在皇帝的号召下办团练的，不依赖清廷的银饷，认认真真把事情办好，换来的却是深深猜忌。但他依然打落牙往肚里吞，克服了重重的困难，置死地而后生，完成了他自己都没有充分意识到的历史重任：引导古老传统的中国走向近代化。

行动指南

一个人要有所成就，就一定要对自己的梦想抱有坚定的信念，心里头总是疑疑惑惑的，充满着不信任是不成的。管理者要做君子，不做小人，首先就要从树立坚定的信念开始。

星期二

顺意宜远

事事顺吾意而言者，此小人也，急宜远之。

——《曾国藩文集·敬陈圣德三端预防流弊》

【译文】
所有的事情都顺着我的意思说的人，是小人，应该立即远离他们。

笔 记

作为朝臣，曾国藩是一个有名的"逆臣"。他有股不怕死的精神，敢于冒死进谏。咸丰皇帝刚刚登基，曾国藩写了一封万言书，即《敬陈圣德三端预防流弊》。他在给家人的书信中说，自己是冒着极大的风险上折的，自己身为二品大员，此时不尽忠直言，对不起国家，对不起黎民。在这份奏折里，曾国藩详细陈述了皇帝的苛求小节，疏于大计，文过饰非，不求实际，骄矜，出尔反尔，刚愎自用，言行不一。年轻气盛的咸丰皇帝看了这份奏折，非常震怒，立即要求军机处给曾国藩治罪。当廷之上，立即有大学士祁隽藻、左都御史季芝昌说曾国藩为人性格耿直，念在他忠心一片，跪求咸丰免其罪。曾国藩才免此一劫。

这样一个好直言的人，也同样喜欢直言的人。所以，他才有以上的那一番议论。从现代管理理论来看，针对事务的直言，可以有效降低管理的成本，保证管理信息的真实有效性和畅通性。一个管理者，尤其是中国式的管理者，有特别好"面子"（即维护表面威严）的陋习。如果不能做到心怀谨慎，只爱收集对自己正面性、夸饰性的信息，好大喜功，那么，将会慢慢被大量虚假性的信息所包围，得不到真实的反馈。

行动指南

管理者与其去提防"小人",不如端正自己的态度,一个优秀的管理者,要一视同仁地对待各种信息,并且把它们都看成是有价值的矿藏。

星期三

多躁多畏

多躁者必无沉毅之识,多畏者必无踔越之见。

——《曾国藩文集·冰鉴》

【译文】

性格急躁的人一定没有深沉毅勇的见识,性格软弱的人一定没有卓越的见识。

笔 记

曾国藩的全话是:"多躁者必无沉毅之识,多畏者必无踔越之见,多欲者必无慷慨之节,多言者必无质实之心,多勇者必无文学之雅。"这是他对人性的一个综合性的评价。

急躁的人无法安静下来,对问题缺乏深刻认真的思索和考虑;缺少胆略的人安于现状,不会看得长远;欲望太多的人不会胸怀远略,为一些远大的目标和道德作出牺牲;话多的人心气浮躁,一浮躁就安不下一颗心;胆略太大的人心粗,也没有耐心培养文学雅好。通观这五类性格的缺陷,有助于我们加深对人性的理解和运用。

曾国藩一生的用人,也是有得有失,且在教训大于成功的基础上不断获得进步。早年,他用了一帮书生领军,真正能打出胜仗的还是军人出身的塔齐布,使得他正视自己眼高手低的不足;兵出湖南,他信任的胡林翼给予了他很大的支持,但同样信任的陈启迈却严重地拖他后退;他想重用左宗棠,可其就是不为他所用，还惹是生非；他信赖弟弟曾国华和悍将李续宾，哪想他们贪功冒进，致使三河口大败；他信赖稳重的好友李元度，哪知其草率用兵、大意失徽州……所有这些，都给曾国藩在知人善任方面，有了极其深刻的教训。

行动指南

知人善用，知己善改。

星期四

韬光养晦

聪明外露者德薄，词华太盛者福浅。

——《曾国藩文集·冰鉴》

【译文】
聪明外露的人德行浅薄，词语太夸张的人福气浅薄。

笔 记

王闿运是清末一位著名的知识分子，他不像当时普通的读书人那样，喜欢钻研四书五经，即所谓的"修臣道"。他的姿态很高，主攻的学问是"帝王学"，有点类似于先秦的韩非子和意大利哲学家马基雅弗利所研修的方向。有关王闿运和曾国藩的交往，有一段很有趣的故事：

王闿运从自己的帝王学角度出发，曾经多次游说曾国藩。第一次，他只是个默默无闻的青年书生，曾国藩也刚刚组建湘军，他劝说曾国藩当皇帝，曾国藩毫不心动，果断地喝断他说辞，下了逐客令。第二次，曾国藩的湘军已经做大了，成为一支劲旅。王闿运也慢慢扬名于天下，曾国藩怀着对人才的渴望，邀请王闿运来营中议事。王闿运认为自己有点说动曾国藩了，就又一次慷慨陈词，从各方面分析条理，为曾国藩龙袍加身找出若干道理。他越说越精彩，曾国藩只是默默听着，并不答话，只手蘸着茶水，在桌子上写了几个字，然后就告辞。王闿运一看桌面,写着"狂、狂、狂",便知趣地告辞。

曾国藩对王闿运的看法就是聪明外露、词华太盛。他认为此人肯定德薄而福浅,后来王闿运成了顾命大臣肃顺的幕僚,并没有襄助肃顺成功,反而导致肃顺因太专权而引来了杀身之祸。

行动指南

太过聪明的人,或是任何情况下都言辞夸张的人,都不是省事的人,这些人容易在主要事务进程中产生意外的麻烦。管理者任用太多这样的人,往往使自己成为这些麻烦的"消防员"。

星期五
端庄厚重

端庄厚重是贵相,心存济物是富相。

——《曾国藩文集·冰鉴》

【译文】
品行端庄厚重是贵人相,心中想着接济别人是富人相。

笔 记

在这段话之后,曾国藩还过:"谦卑含容是贵相;事有归著是富相。"就是说那些谦虚谨慎的人是贵人相,办事有着落的人就是富人相。

李鸿章对曾国藩看人的评价是:"取之公旁,知人之鉴,并世无伦。"就是说他看人、用人的本领,当时无人能及。在此,不妨举一个曾国藩相人的经典的例子:

江忠源是曾国藩早就认识的一员猛将。江忠源身为寒士时,初次到京城拜访曾国藩,正好少年李鸿章就在曾国藩身边学习。曾国藩就带着李鸿章和江忠源一起喝茶聊天,相谈甚欢,非常投缘。谈毕,曾国藩送江忠源出去。曾国藩回来后,就对李鸿章说:"刚才这个人是不可多得的义勇之士,别看他现在是个落魄的穷书生，将来一定能够成为很有成就的人物。不过，他太正直了，不会全寿而终，一定会为国殉难。"事实上，江忠源的命运也确如曾国藩所料，若干年后因军功成为全国皆知的战将。太平天国起义爆发后，他紧急入桂镇压太平军，最终战死沙场。李鸿章认真地记录下了这件事情，对曾国藩的识人佩服得五体投地。

曾国藩能够判断这么准确，完全是因为在交流之中，他对江忠源性格的把握和了解。像江这样一介寒士，在朋友落难身亡后，不惜卖掉自己全部家当，千里护送朋友的尸体回家，如何不会临危救国于危难呢？

行动指南

要用人就必须会看人，要看人，就要看到灵魂深处。管理者要坚定不移地坚持"道德至上"的原则，一个道德品质优秀的人才，不论他的境况如何，都是可以信赖的"富贵"财富，管理者一定不能错过。

第三周

星期一
苦口婆心

说法点顽石之头，苦口滴杜鹃之血。

——《曾国藩文集·诗集》

【译文】

讲道理直到顽石都点头了，苦口婆心到了如同杜鹃鸣啼到滴血的程度。

笔 记

众所周知的，曾国藩是做军队思想工作的第一人。如果说在曾国藩以前，军队都单纯凭借着暴力或者行政命令聚集的话，在他以后，中国的治军者，更注重把军队按照道义原则进行整编和训练。

这两句诗，就是曾国藩对自己治湘军，做思想工作的一个概括。作为清政府官员，他比任何人都熟知作为"官军"的八旗兵和绿营兵衰败的根子所在：那就是整个体制的腐败。当时军队腐败是整个官场腐败的重灾区，军官把兵丁当成私人仆役，派他们给自己办事跑腿，盖房起屋，这已经是最轻微的腐败行为了。吃空额、扣兵饷是军官们最普遍的营私方式。除此之外，还有"出售兵缺"、在军营中设赌收费等层出不穷的牟利方式。更有甚者，有的水师干脆把战船租赁给商贾贩货，把收入全数纳入私囊。

曾国藩因此说："武弁自守备以上，无不丧尽天良！"在这样一种情况下，只有训练一支全新的军队，才可能有把握打得赢如日中天的太平天国军队。曾国藩用儒家的伦理来训诫自己的部下，全军上下除了训练之外，就是学习儒家学说，真的到了他所说的"说法点顽石之头，苦口滴杜鹃之血"的地步。

　　管理者向组织成员灌输组织的价值观，是义不容辞的职责。多点耐心和下属交流，反复地告诉他们组织或企业的信念、原则和价值标准，往往会事半而功倍。

星期二
仁礼相待

　　用恩莫如仁，用威莫如礼。

——《曾国藩文集·治兵语录》

【译文】
　　施恩惠给别人不如用仁义来对待，依靠权威来管理部下不如用礼法来约束。

笔　记

　　这两点是作为领导者的曾国藩一贯的用人原则，也是儒家伦理学精神的一种典型的体现。"仁"和"礼"，是儒家思想库里的两个关键词。中国古典的政治学，是建立在"天道自然"和原始的法制管理的基础上的。作为领导者，一直以自己是天意的代表自居，治术层面讲究"恩威并施"。"恩"指的是恩惠，是上级对下级名和利的赐予；"威"指的是威压，是权威和暴力的管制。

　　在古典的王朝时期，特别是秦王朝建立以后的两千年里，社会的统治阶层，在统治思维上有一个奇怪的矛盾，就是用"儒表法里"的办法：一方面高唱仁义道德，另一方面以极其残酷的牧民之术进行统治。经过两千年的发展，这种对别人高要求、严压制的统治办法，逐渐暴露其不道德的本质。在明末，就有儒家思想家指出这种管理方法的弊病，提出"专制君王是天下祸根"的观点。曾国藩这样的儒学型的知识分子，早年就饱读国史，更兼宦海沉浮，对这样的弊病自然有深刻的认识。所以,他的思想转向儒家的本原和本义,提出以"仁"代恩,以"礼"代威,这是对两千多年前孔子思想的一个呼应,也是借鉴历代统治得失的一个重要心得。

行动指南

领导者面对下属和员工,既要对下属和员工有工作上的要求,又要充满人文关怀,善于换位思考要考虑到对方的难处,这就是"仁"。在规范组织的制度化建设的同时,要注重人文方面的建设,营造一个属于自身组织的平等、团结、协作和奋进的团队精神,这就是"礼"。

星期三
扬善规过

扬善于公庭,规过于私室。

——《曾国藩家书·致九弟曾国荃》

【译文】
表彰他人应该在公共的环境下,批评他人应该在私密的室内。

笔 记

在此,曾国藩为管理者提供了一个重要的奖惩准则,同时,也对我们平时的接人待物有着很好的启示。

前面说过,曾国藩奖励人才非常有一套办法,除开他亲自向朝廷保举人才之外,还让部下论功,赠佩刀作为纪念等。他批评人,也很有一套办法,这种批评,从来不在公共环境下进行。曾国藩要么亲笔写信,在信中提出意见和规劝,要么是个别谈话,在不露声色的交流中,提出批评。可以说,他一生经历的人事中,没有人是因为他苛刻的批评而离开他的。

在公共环境中表彰、奖励一个人,能够起到示范和带动作用。而在私人环境中，批评一个人，既可以避免被批评者的尴尬，也可以慢慢地帮助他（她）分析产生错误的问题所在。大部分的管理者可以注意到"扬善于公庭"，但不一定能注意"规过于私室"；相反，会认为，在公众环境中进行批评教育工作，可以起到警示大家的作用。如果有这样的行为，应该重新考虑一下曾国藩的这一经验的道理所在。

行动指南

在组织或者企业的公共环境里对员工进行褒奖，在一对一私密的环境中对员工进行批评教育。

星期四
恩善不扬

布人以恩而外扬之，则弃；教人以善而外扬之，则仇。

——《曾国藩家书·致诸弟书》

【译文】

给人以恩惠，在外面到处说，就是丢弃了人心；给人以善教，在外面到处说，则会反目成仇。

笔　记

曾国藩的这两句教诲，对于管理者非常适用。古人常说："受人之恩不能忘，与人之便不能讲。"给予别人的恩德，乃是自己自愿所为，到处去张扬，会令受恩惠者很难堪；教人以善，就表明人有所"恶"，若从善而改之，应该为别人有所改进而高兴，如果到处说，别人也同样会陷入难堪的境地。

曾国藩和左宗棠都是湘军两位骨干，但曾国藩麾下有很多人才，这些部将不但没有被曾国藩的光芒所掩盖，而且都很出名，都能撑起独自的一片天空，比如李鸿章、彭玉麟、杨岳斌、沈葆桢；相反，左宗棠论才略不输于曾国藩，但成就的事业远不如曾国藩。主要是由于他性格比较刚直,既喜欢扬自己的恩威,又喜欢扬自己的善教。因此,他个人能够取得一定成就,部将中却难以涌现出杰出的人才。这一正一负的对比,很明显地表现出曾国藩在用人、待人方面的成熟与大气。所以,一辈子对曾国藩有满肚子不服气的左宗棠在曾国藩死后,心服口服地说:"谋国之忠,知人之明,自愧不如元辅。"这里的"元辅",就是指曾国藩。

行动指南

管理者如水,不应该总把自己摆在高处,这样子对整个组织或者企业来说就如同是悬湖,有危无功。管理者应该流到低处,积累起一片深厚的大水,无声无息中载托起人才和自己的事业。

星期五

防戒"三端"

慎言谨行,防戒"三端"。

——《曾国藩日记·论自我修养》

【译文】
小心说话,谨慎行事,防备着三个问题。

笔 记

曾国藩认为,人人都有良心,大奸大恶之人只是少数,但更多的人犯错只是修养存在问题,而不在于缺乏道德,即道德修养比较薄弱,就是所谓的"德薄"。避免这点,需要防戒"三端":

一是"言过其实,不可大用"。一个人喜欢夸夸其谈,言谈中似乎无所不能,这是性格的浮滑,在实战中却发挥不了作用。但这些人正因为浮滑,内心也最容易向他们嘴上说的相反的方向发展。如幸灾乐祸、嫉妒贤能、随便说人是非等。

二是"心高气傲,不肯居常"。曾国藩认为大部分小有成就的人都容易在

"傲"字上垮台。骄傲了，不满足了，就不甘于下位，会挖空心机，用不正当的方式使得自己向上爬；骄傲了，满足了，就容易滋生怠慢之心，就立即会使得已有的成绩付之东流。

三是"遇事张扬，妄断是非"。曾国藩认为，那种遇到事情就激动张扬，先不论情况如何，好草草断定黑白，区分善恶、高卜，是第三个重要的问题。这种情况，并不代表着一个人立场分明、明白是非，相反，是人生态度上缺乏尊重、宽容与理解的表现。

非常显然，这三端不仅仅对于我们的管理工作有着重要的参考作用，某些方面，也能给我们提供一面自我反省的镜子。

行动指南

管理者需要在自我对照这"三端"的同时，更要能识人知才，甄别那些能说不能干的人，不甘居下、不择手段向上爬的人以及妄断是非的人，他们的言语、行为都有可能对组织产生极大的负面影响，要加以警惕。

第四周

星期一

一心得百人

百心不可以得一人，一心可得百人。

——《淮南子·缪称训》

【译文】

一百个心思不能争取到一个人，一心一意可以获得一百人的认可。

笔 记

　　曾国藩非常推崇"血诚"。他所谓的"血诚"，就是对待事业敢于拼命。他认为必须对老百姓讲忠心，讲良心，否则难以争得人心，获得民心。曾国藩在军事上受挫的时候，前后四次准备学春秋时代晋国大将先轸策马赴敌而死。这种拼命的态度，在当时清廷诸将中是无人能及的。也正是这种"血诚"的精神，让曾国藩深得湘军广大将士乃至全天下读书人、士绅的心。

　　曾国藩认为，驭将贵诚，待民贵诚，不诚则无物，诚乃天地之胸襟。他邀请彭玉麟出山，远远不止于刘备请诸葛亮的"三顾"；他视左宗棠为人杰，无论对方如何对待自己，都鼎力支持对方。即使是非常憎恨西方殖民者的野蛮侵略，曾国藩还是以诚相待，积极向西方学习，以期为古老的中国带来全新的发展机遇。

　　从曾国藩身上，我们可以看到"诚"的无穷力量。客观地说，曾国藩本是个非常善于老谋深算的人。世人都认为他城府太深，不好捉摸。但越到后来，他越远离原先所秉持的"申韩"之术，很少推用权术，而只讲诚心，尽最大可能地袒露自己真实的想法，避免猜忌和误会，达到一种"真人"的境界。管理者争取人心支持，没有比这样更好的了。

行动指南

对待别人，心思太重，盘算太深，没有彼此的信任，反而会导致劳而无功。以诚相待，则别人相自己都会高效率地互相了解，对于事业来说，良好、畅通和真实的信息沟通，是成功的重要保证。

星期二
奖长规短

总宜奖其所长，而兼规其短。

——《曾国藩家书·致曾国荃》

【译文】
　总是要奖励他们长处，但同时规范他们的短处。

笔 记

曾国藩主张不擅行奖惩，奖惩这项工作并非是随意草率而进行的。他对于自己麾下的人才，总体是以教导、褒奖和提升为主，秉持着"人无完人"的主张，极力去避免对他们的惩罚。对于下属，罚一人，则折损一片羽翼，这笔账目，曾国藩是算得清清楚楚的。

李元度失守徽州后，曾国藩上书弹劾他。李元度因此没有被加更深的问责，只是被免去了一个虚挂的头衔。他居家后，立刻有人邀请他出山，招募人马编练成为"安越军"进入湖北。之后，又应浙江巡抚王有龄之邀，进入浙江驰援，在浙江重新取得了战功。他也因此获得了比在曾国藩麾下更大的胜利和成果。曾国藩开始第二次参奏李元度虚报战功、援浙不力，结果使李元度再罹厄运，被革除新授的官职交左宗棠差遣。曾国藩过于严厉的地方还在于，他把对李元度的弹劾，与"私行远扬"的陈由立，贪生怕死、扰乱地方的总兵郑魁士放在一起，使得李元度的声誉受到极大影响，从此再也无力崛起。曾国藩余生中一直为自己这项情绪化的惩罚而后悔。日后用人更注重多奖所长、规其短,而不是厉行惩处了。

　　不要等部下或者员工犯了错误才去惩罚,这是管理上自残的行为。注重发挥他们的长处,极力避免他们的短处,这才是对组织和员工负责的管理者的所为。

星期三
留人余地

　　常常以"恕"自惕,常留余地处人。

　　　　　　　　　　　　　　——《曾国藩家书·致曾纪泽》

> 【译文】
> 　　常用"宽恕"自我警醒,常给别人留有余地。

笔　记

　　曾国藩认为古往今来的成功者,成则成在胸怀过人上,败则败在"小肚鸡肠"上。他把这一信条深刻地融入到自己的血液中。最典型的事例,莫过于他和左宗棠的交往。

　　左宗棠才高,但科举不顺,因此一直有点不服官场上平步青云的曾国藩。当曾国藩回乡办团练与湖南官场发生矛盾而受猜忌时,可以说,正处于人生最大的低谷期,但左宗棠颇多刁难;当曾国荃攻破天京,朝野正相疑惧时,左宗棠上奏要求追究曾国藩兄弟处措失当致使幼天王脱逃的责任。左宗棠经常当众说曾国藩的不是,说自己与曾国藩的矛盾,曾的责任有七八分,自己只有二三分。但曾国藩对左宗棠一直是宽宏大量、不计前嫌。

　　左宗棠曾为巡抚骆秉章代拟奏折,劾请将挪用公款的樊燮撤职查办。樊燮反诬告左宗棠为劣幕,咸丰皇帝就密令官文:"如左宗棠确有不法情事,可即就地正法。"这致使左宗棠被迫离开骆秉章抚幕。后来因曾国藩、胡林翼上疏奏保，案子才得以了结。这时，左宗棠走投无路，只得投向驻军宿松的曾国藩。曾国藩热情地接待了他，不久，奏准左宗棠以四品京堂候补随同帮办军务。曾国藩又让左宗棠回乡募勇开赴江西战场，让他掌握军事实权。几个月后，曾国藩上奏左宗棠的战功，使他晋升为三品京堂；咸丰十一年，又奏准改襄办军务为帮办军务。第二年，又奏请左宗棠为浙江巡抚。不久，左宗棠被任命为闽浙总督，从此与曾国藩平起平坐。"恕"到了如此地步，曾国藩死后，左宗棠感叹自己胸怀没有他开阔。

行动指南

宽宏大量不仅仅是一种道德修养，而且还是一种生命境界。管理者的宽阔胸怀，往往能使得组织充满着宽松、愉悦的氛围。凡事以"恕"自醒，则凡事就能处理得厚重，得更多的人心。

星期四
勿怨天尤人

无故而怨天，天必不许；无故而尤人，人必不服。

——《曾国藩家书·同治元年致曾国荃》

【译文】

没来由地抱怨苍天，苍天必然不许可；没来由地指责他人，他人必然不服气。

笔 记

怨天尤人，是很多人不自觉会犯的毛病，尤其是那些自认为有能力、有才华的人。一旦无法得以伸展自己的能力或者才华，必然是满腹牢骚、怨天尤人。曾国藩在写给诸位弟弟的信中强调，无论遇到什么情况，不能怨天尤人，否则，天必不许，人必不服。这种情况只会导致自我和外界以及他人失去和气，自己内心中愤愤不平,自己也和自己失去了和气。这样一来,既无法善待外界和他人,也不是善待自己的办法。

在同一封信中,曾国藩还提到了如何化幽怨为动力:每次要发牢骚之前,一定要反躬自省:"吾果有何不足而蓄此不平之气?"就是猛烈地反问自己:我到底有多大的能耐,要积蓄这种愤愤不平的情绪?在猛然的自省之中,去掉这种愤愤然,从而提升自我。

这一段议论真的很能让每一位管理者受用。管理者每一阶段所面临的事务,具有多种形态,综合性很强,变化性很强,需要新的经验、思路和办法。那么,遇事有障碍,应该视为管理者工作的常态。如果总是怨天尤人,就会在不和谐的情绪化状态中失掉人心,也同时失去了改进事务的良好契机。

行动指南

不怨天,不尤人,万事以和为贵,这是每一个管理者最为明智的内心准则和行为准则。"和",是对外界和他人的和谐,善待自己的事业和自己的员工。

星期五
励气乃刚

气不自壮,励之乃刚。

——《曾国藩家书·致曾国荃》

【译文】
气势自己不会壮大,只有不断鼓励才能刚健。

笔 记

曾国藩的军事思想很重"气"。他认为,"气"并非纯天然的东西,乃是和个人的气质一样,需要后天的努力培养。因此,他向曾国荃提出,"气不自壮,励之乃刚"。

曾国藩注重鼓励湘军的士气，湘军每在战略上推进一步，他都要花上巨大精力投入到各个营垒的勘察之中，一看营垒的防御是否坚固，二看各个营的士气是否充沛。如果发现士气低落，他就会想办法鼓舞、提升士气。曾国藩善于面向大军作总动员，他本人是农家子弟，招募的士兵，都是"好用山水之卒"，即质朴、老实的农民。因此，他非常熟悉士兵们的普遍性格和文化取向，在训诫的时候，经常说一些质朴的人生道理和农家常传的哲理。这让普通士兵们非常崇敬曾国藩的话，视他为精神偶像。在他的感召下，纷纷把为湘军拼死效劳看成无上的光荣和进身发达的好机会。

不过，曾国藩也曾多次面临士气低落的问题。如久攻安庆而不下，久困江西，久陷皖南，久围天京等状况。在开战之初，曾国藩把握宁缺毋滥的原则，一旦发现麾下哪一个部、哪一个营，有士兵劫掠、溃逃、动摇不定的情况，就立即将那一营全员裁撤，绝不姑息。在取得湘潭大捷后，曾国藩就对军队进行了一次肃整，连其弟曾国华的部队都在其中。通过这样一边不断激励、一边不断清理掉士气低落的那部分人，曾国藩保证了整个湘军较为强健的战斗力和不衰的斗志。

行动指南

要把鼓励士气，作为一项常态工作，而不宜只在遭遇困境的时候，才做激励性的动员。

雄韬，躬身入局

第一周

星期一

躬身入局

天下事，总是在局外呐喊无益，必须躬身入局。

——《曾国藩家书·致李鸿章》

【译文】

　　天下事，总是在局外呐喊没有用处，一定要亲身进入其中，承担起责任来。

笔　记

　　李鸿章对曾国藩的敬佩是全身心的。他少年师从曾国藩学习理学，中年师从曾国藩学习军事，晚年则师从曾国藩苦心孤诣地挑起大清王朝对外和战的全部担子。他和他的哥哥李瀚章，编刻了曾国藩全部的遗作，使得曾氏思想得到很好的流传。

　　李鸿章晚年常常回忆曾国藩，他说："老人家常常给我们讲一些通俗易懂的故事，阐发治国安邦的大道理。"他印象最深的一个故事，就是曾国藩所讲述的有关"躬身入局"的道理：有个农夫，他的儿子出去买盐，久不归。老翁就去寻他，发现他和一个壮汉在田埂上对峙着。壮汉跳着担子，坚决不让道。他儿子也坚决不让。老翁急了就问他们为什么不退让一下。他儿子说自己买的盐，让道到田里，就会浸坏。那壮汉说自己挑的是京广干货，也是不能入水的。老翁就急了，说："你们这般对峙，也不知能挺到什么时候，这样吧，老翁我到水田里，你把担子放我肩上，我扶你过去吧。"那大汉一听，自然乐于听从，也因此，这场对峙就自然而然解开了。

　　曾国藩反对千百年来中国书生好做"清议"的状况，提倡身体力行，承担责任。这种精神影响了以后几代中国读书人，他们打破了"书生无用"的偏见，成为中国大局发展的主导力量。这对于管理者的启示，就在于重行动，轻空谈。

行动指南

要行动，不要语言，空谈无益，实干兴业。管理者要给组织注入这种不行动不妄谈的精神，谁对某一块工作有不满，提出来，实践改进；谁对某一块工作有新的创念，提出来，做成功。

星期二
大处着眼

宜从大处分清界限，不宜从小处剖析微茫。

——《曾国藩家书·致友人吴坤修》

【译文】
应该从大的地方着手分清界限，不应该从小地方去剖析一些过于细微的东西。

笔 记

曾国藩是中国近代史上最有经济头脑的一个人，也可以说是近现代企业家的鼻祖。因为他特意在桐城派"义理"、"考证"、"章辞"的三大要素之外，另增加了"经济"一条，就是要讲究经世济事。他跟清廷官员的一些交流中曾经说过，应该从大的地方着手分清界限，不该只死抠一些小问题。西方人到东方来以求利为主，他们也无心在文明形态上纠葛。而至于传教，康熙时代，天主教堂就在全国分散开了，并没什么大碍，这是小节。但很多清廷官员爱在小节上纠缠不清，动辄就要跟西方列强打仗，大动干戈。曾国藩为此斥之为无眼量，因为中国贫弱，寻事开战无异于自取其辱。

但曾国藩看到了另外一点，他在写给吴坤修的书信中指出：自从三口通商、五口通商、长江通商以后，如果西方人贩卖的私盐大量流通到中国，那么中国的盐产业就要崩溃；西方人输入大量棉布，则中国的织工、棉农、布商就要崩溃；内河开放,西方人的火轮船进入内河营运,那么内河的船夫、搬运工、挑工等一大批人就要失业。这种无孔不入的经济侵略,才是西方对中国最大的危害所在,也才是中国人真正要去争得的大事业。他的这一思想认识在当时绝对很深刻、很有远见,为日后"实业救国"潮流的兴起奠定了基础。

行动指南

明辨利害是管理者综合素质的良好体现,利害大小都分不清的管理者,注定是要吃大亏的。能在大利害上保持清醒判断并亲自加以干涉,在小问题上保持明了的态度,这就是管理者的应有行动。

星期三
大事力争

大事不可许者,宜始终坚持力争。

——《曾国藩家书·致诸弟书》

【译文】

办大事得不到成效的,一定要始终坚持力争出成绩来。

笔 记

曾国藩以及湖湘知识分子有个很显著的特点,那就是能办大事。不过说来说去,什么是"大事"呢?这个问题,很多人在做工作时不能分清。在此仔细剖析一下,供管理者参考:

第一,"大事"的第一特征是高度的战略性和起点性,乍听起来很"虚"。比方说曾国藩在面对宣传西方基督教义为形式的太平天国革命时认为,解决国内叛乱问题算是大事,但他却并不急着出兵。因为比较太平军对中国传统文化秩序的破坏,一时之乱并不要紧。但一旦太平军酿成了声势,有计划有步骤地推行自我的"天朝文化"时,曾国藩按捺不住了,他举起捍卫孔孟之道的大旗,号召天下读书人起兵。

第二，"大事"的第二特征是关键的环节性，一定很"紧"。如曾国藩本人在率领湘军挺过了在江西的一段艰苦日子后，顺利地进入了安徽的南部，扎帅营十祁门。仗打得很顺利，夺取天京在望，却突然又陷入了太平军的重围之中，这是太平军在倾全军之力反攻。他本人对此也毫无准备，一下子又使得湘军陷入非常被动的状态之中。幸好他能挺，否则，也会陷入出师未捷身先死的悲剧之中。

第三，"大事"的第三特征是结果的长效性。解决一个事情，能使眼前问题立即摆平的，绝不是"大事"。这需要管理者有相当长远的预见性，能跨越式地思考问题，并将自己的思考付诸行动。这种行动甚至可能牺牲眼前的利益，但绝不是可有可无的。

行动指南

能不能办"大事"需要锻炼以下几点能力：

第一，务虚的能力：脑力。管理层总是在强调"务实"，但同时也应适当注意"务虚"，管理层要时不时地进行头脑风暴式的讨论。

第二，高瞻的能力：眼力。好的眼力，离不开务实的学习和钻研。学习的面要宽，充分汲取管理及与管理相关的各方面知识。

第三，决策的能力：胆力。人的胆力来自内在灵魂经过修养后形成的魄力度，需要修养获得。修养兼备，内心自然充满自信、乐观和进取的阳刚气息，也自然有魄力和胆力做大事情。

星期四
谨慎为贵

凡天下事，虑之贵，详行之贵，力谋之贵，众断之贵。

——《曾国藩家书·致九弟曾国荃》

【译文】

　　天下的事情，认真考虑可贵，仔细行之可贵，努力谋划可贵，群策群力可贵。

笔　记

　　曾国藩一连说了这么多的可贵，无一不是指出行事的"谨慎"二字。可以说在晚清众臣中，曾国藩是完全按照孔子所说的"如临深渊，如履薄冰"的慎行思想去行动的。左宗棠为人机智多谋，但往往太率性而为；曾国荃善猛打猛攻，但往往太意气用事；胡林翼是战场的消防队员，但缺乏稳妥推进战略的魄力；李鸿章善于外交，借用洋兵，但志大心疏。只有曾国藩，能够稳中求胜。

　　曾国藩的用兵，虽然推崇稳扎稳打，兵态很拙。但他把战略，也就是"办大事"始终放在第一位，认为："处事贵熟思缓处，熟思则得其情，缓处则得其当。处事速不如思，便不如当，用意不如平心。"就是说，处理事情如果深思熟虑，就会更深地了解情况，慢慢地处理，就会更妥当地完成，求速度不如思考清楚，快捷不如稳当，想谋略不如保持良好心态。

　　这些经验对于追求快节奏的现代人来说，似乎陈腐不堪。但曾国藩的体味可是从出生入死的战场上得来的，瞬息万变的战争环境里是最容不得怠慢的。而即便是那样的环境，曾国藩依然不改其初衷，注重深思熟虑，求稳妥的执行，努力想周全了，绝不走捷径。

行动指南

　　不走捷径，深思熟虑，以曾国藩推崇的"慎"为"贵"，则可以克服遇事轻慢的毛病。

星期五
遇事莫急

事到手且莫急，便要缓缓想。

——《曾国藩文集·治兵语录》

【译文】
　　事情到手中不要着急去处理，首先要慢慢想一想。

笔 记

　　作为军事家的曾国藩是个出了名的慢性子、老迂和倔强之人。1853年太平军攻入安徽，咸丰皇帝下死命令让他去救援。但这个时候，他的湘军水师将成而未成，于是抗命不去。这个举动惹火了咸丰皇帝。咸丰皇帝亲笔朱批，把他痛骂了一顿，说："要激发天良，不要谩自矜许，你有几分才能，办给朕看。"一般来说，皇帝把话说到这个份上了，一般人肯定扛不住了，但是曾国藩却顶得住。因为他清楚，这个时候出军，无疑是飞蛾投火，湘军肯定前功尽弃。皇帝要惩罚他，他给皇帝复旨说："要惩罚现在惩罚，我就是不出兵。"1860年，咸丰皇帝再次给他下命令，让他去救援肯定要失守的苏州，放弃即将要得手的安庆。他又一次抗旨，坚决不去，他上书说，他得保证湘军能够按照自己既定的战略目标去实现，强救苏州，湘军就没了，那么太平天国的政权可能更要长久。

　　曾国藩说："事到手且莫急，便要缓缓想。想得时切莫缓，便要急急行。处天下事，只消得安详二字，兵贵神速，也须从此二字做出。然安详非迟缓之谓也，从容详审，养奋发于定之中耳。"这正是他这种行为最好的理论支撑吧。

行动指南

　　磨刀不误砍柴工，任何情况下，都得慢慢想想上手的事情，这样行事才能不因鲁莽而致败。

第二周

星期一
人力居三

事功之成否,人力居其三,天命居其七。

——《曾国藩家书·致友人刘蓉》

【译文】
　　事情能否成功,个人的努力因素只占十分之三,天命因素占十分之七。

笔　记

　　曾国藩越到晚年,越笃信儒家的"天命"理念。在同治二年(1871 年)写给好友刘蓉的信中,他提出了"三分人力,七分天命"的观念。

　　这个观念表面看起来是一种封建的宿命观,但对于曾国藩这样的理学大师、中兴功臣而言,绝非是说命运不可知那么简单。而是一名智者,在做过大事,经历过历史的沧桑剧变后,对社会规律的一种概括。

　　凡事需要人为,但人为只是其中的一个环节。这个环节是和社会大环境相通的,并且受到外部环境的巨大影响。那种光埋头顾自己,对窗外世界不闻不问的态度,只是一种愚蠢的勤奋。

　　曾国藩最初带领湘军出省作战时,湘军已经训练得非常精锐了。他也非常踌躇满志,但面对虚弱的太平军外围防御力量,还是屡败屡战。原因他自己说不清,只是觉得天命不眷顾自己。但现在看,那时,太平天国还很得民心,而作为官兵的湘军只是孤军作战罢了。当太平天国内部动乱、失尽民心之后,湘军的进攻就变得非常顺利了。

行动指南

　　管理者要了解自古"得民心者得天下"的道理,要善于对外铸造优异的企业形象、企业文化和企业精神，要让消费者在喜欢产品的同时，喜欢自己的企业形象。

星期二
不刚不济

凡事非气不举，不刚不济。

——《曾国藩家书·致曾国荃》

【译文】

任何事情要做好，都必须有一口气顶着，不达到刚猛的火候就不会成功。

笔　记

受儒家的影响，曾国藩特别爱谈"气"。儒家的气理说源自《孟子》一书，书中孟子说道："我善养浩然之气。"公孙丑就问他："什么叫浩然之气？"孟子说："不好说。这种'气'，非常大非常刚，能培育直率的品行却没有什么坏处，能与天地之间的天理相通。"这里的"气"，孟子说得非常深奥，其实形容的是一种蕴含在个体灵魂内部，因自我有意识的道德修养所造就的内在精神品质。

有关于这种刚性的、浩然的内在精神品质，曾国藩有自己的认识，他说要修养这样的品质，不外乎"清廉、谨慎、勤奋"（"清、慎、勤"）。后来他又觉得这么说太空泛了，改为"廉正、谦虚、耐劳"（"廉、谦、劳"）更妥当。曾国藩为人的品行方面似乎没什么可挑剔的地方，他读书很多，学问很深，城府也深，是按照儒家道德标准铸造出来的一等一的人才。所谓"一等一"，主要体现在人伦纲常方面，对待别人非常宽厚，对待自己非常苛刻，无论作为儿子、兄长、丈夫、父亲、学生、老师、臣子、上级还是官员，都很优秀。这样的一个人，能做到这点，正如孟子所说的，"善养浩然之气"，在太平时期，可以成为一个治理好国家的栋梁之才，遭遇到动乱，则能拨乱反正，成为危机的终结者。

行动指南

管理者应该努力培养自己的坚定意志，能有反复试错的耐性和承受现状的压力。一个基业长青的优秀管理者,无疑应该是一个自我道德要求严格的人。

星期三
刚柔互用

天地之道,刚柔互用,不可偏废。

——《曾国藩家书·致诸弟书》

【译文】

天地万物的道理,刚硬与柔和要一起运用,不能偏向于一方。

笔 记

刚柔之道,乃是中国文化中老生常谈的问题,起源于老子的《道德经》中阐述的刚柔、阴阳之理。慢慢融入到中国学术的主流当中,成为每一家古典学说都喜欢引用的术语。

曾国藩求学问道,脱胎于传统的学术中,自然绕不开对阴阳刚柔的阐述。但是他不是简单照搬书上的说法,而是从自己切身的生活、官场、战场和创办近代工业的经历中获得体悟。

曾国藩看来,"刚"是一个人的骨骼。他提倡人需要有一股子倔强之气,有骨子里的志气,方能刚立于变乱不断的世界中。而"柔"则是人的血肉,拥有柔和的血肉,人才有活力,才能走得长久。这个道理是显而易见的。因此,人在处理事务过程中,必须骨气和血肉并重,既富有原则性又兼备灵活性。

曾国藩自诩是一个柔弱的书生,但他开始办理"查逆"这类的律法事务的时候,坚持"乱世用重典"的信念,心狠手辣,杀人如麻,被世人诟病为"曾剃头"。但的确,他的严格令很多内心有妄想的人按捺住了非分的念头。

行动指南

对于管理者,明辨刚柔是第一步。在一个企业里,各项管理制度是刚性的,企业文化的造就则是柔性的；对于每一项事务，事情的目标和任务是刚性的，完成事务的方法则是柔性的。在明确刚柔的基础上，要始终坚持对刚性原则的尊重，要让每一个员工的心目中产生对刚性原则的敬畏；同时，要掌控好柔性的灵活度，不能只顾下"死命令"、"立军令状"，却不能灵活地了解企业、员工、市场的具体情况，采取有效的方法达成目标。

星期四

气敛局紧

气敛局紧，凡用兵处处皆然。

——《曾国藩家书·致曾国荃》

【译文】
　　收敛好气势、紧紧把握局势的主动，但凡是用兵的地方都应该如此。

笔　记

　　曾国藩的军事思想与他的人格思想是相通且统一的。他用兵不喜欢追求"神速"、"奇兵"、"妙计"，这是他惯用的风格"用至拙破至巧"。他说用兵如下棋，需要"一边自救，一边破敌"，在双方力量的消耗和转化中，摆脱自己的困境而获得解脱困境的力量，获得自我的增长，然后转败为胜。

　　在这样大的战略原则的指导下，曾国藩坚决反对自己的将领贸然出兵，打一些没有明确战略目标也很难分胜负的战斗。他最忌讳自己的将领贪功冒进，为了一些小的胜利，偏离了大的战略目标。他常说，战争如同救火，容易犯错误，不容易建立功勋。所以，进军越是迅速，就越能暴露自己一些致命的问题。与其这样，不如稳步推进，渐渐展露功效。

　　他的弟弟曾国荃是一名虎将，用兵也和他的性格一样，独行、霸道、贪功冒进。每当弟弟进建一功之时，曾国藩常常会一连发多封书信要求他必须小心，稳步推进，不能太快。曾国荃受其兄长的教诲，并在实战中感受到兄长的明智，也为自己立下了"稳打稳扎,机动则发"的原则。这深受曾国藩的赞赏,但他还不忘提醒弟弟:"捕捉有利机会固然不容易,但求稳更难。"

行动指南

战略性的目标涉及的面广且深,要求极其苛刻,机巧的办法虽然建效迅速,但常常是以牺牲精度和工作的深入程度换来的。所以,"稳打稳扎"的原则,管理者应始终坚持。

星期五
自为主持

内断于心,自为主持。

——《曾国藩日记·论内心明断》

【译文】
　　明断自我的内心,力主保持自己的判断。

笔 记

在中国古代管理思想史上,内断能力是衡量一个管理者的重要标准。何谓"内断",就是不借助他人的意见,自己内心对一件事务的第一判断。中国古代历代王朝评判一个官吏,一条重要的标准,就是"明断"。曾国藩这里强调"内断于心",就是强调管理者要立足于自身的综合修养,加强自主处理问题的能力。

曾国藩交往过的人物当中,他的理学方面的老师倭仁,是一个很难得的满族儒学大师。倭仁官至文渊阁大学士,太子太保,是当时满族人当中数一数二的理学大师。当时官场公认的,满族的官员中学问最好的是倭仁,汉族的官员中学问最好的数曾国藩。不过,曾国藩对这位对自己有提携之恩的老师的评价很诚恳:"见识短,少明断。"最突出的表现是,受到道光年间穆彰阿、耆英等满族官员的影响,身为国家宰相的倭仁对西方侵略者认识非常之浅薄。皇帝询问他有何御敌良方时，他迂腐气十足地提出以礼义为盾牌，以仁义为干戈，以天朝上国的气势打压西方列强。完全是一副盲目自大、缺乏明确判断的书呆子浅见。相反，曾国藩力主把自己摆到和列强平等的位置上，因势利导，和西方列强平等地打交道，这对整个民族来说才是真实有效的"自为主持"的明断。

行动指南

通过认真、刻苦的学习积累，提升自己的内在判断力，在将事情付诸公共讨论之前，使自己的内心丰富且"多声部"。能够针对一个问题，提出多种不同的见解，彼此权衡利弊，择出最优方案。这种自为主持，也就相当于很多明智的人在心里面议事。

第三周

星期一
重开世界

另起炉灶，重开世界。

——《曾国藩家书·咸丰六年致曾国荃》

> 【译文】
>
> 另外搭起炉灶，重新开拓一个新世界。

笔 记

　　这是曾国藩最广为人知的一句名言。这句话源自曾国藩写给弟弟曾国荃的一封家书。当时曾国藩和太平天国在江西激战正酣，曾国荃在安庆也连吃了几个败仗，一下子导致整个湘军陷入了不利的境地。曾国荃为此灰心丧气，因此，曾国藩写了一封长信对弟弟进行开导和激励。其中，就有鼓励他选择新的主攻方向，整顿自己的兵马，"另起炉灶，重开世界"的话。

　　而这两句话之所以广为当代人知，是因为毛泽东经常爱引用，并以之鼓励自己领导的队伍别开生面地开展工作。这一智慧集中体现在新中国成立后的外交工作中。因为美苏两大国的争霸，世界各国思考自己的外交战略政策时，其核心，无外乎在美苏两极之间摇摆，广大第三世界国家的权益无疑是被忽略的。作为一名优秀的政治战略家，毛泽东审时度势，提出"另起炉灶，重开世界"的原则，积极倡导"三个世界"理论，为中国充分赢得了属于自己的国际发展空间。

　　"另起炉灶，重开世界"这句话在说道理的同时，还很形象鲜明。兵马未动，粮草先行，"炉灶"关系着生存，是所有干事业的人首要思虑的事情，也是立业之根本。"重开世界"四个字很有魄力，也很有魅力。对于干事业的人，事业就是自己的生命，就是维系自身生命价值的小世界。以那种开天辟地的魄力，勇于创新地干事业，对自身的生命感觉也在完善与提升。

行动指南

在形势不济的情况下，带着以前事件的经验、能力和资源果断地选择放弃，开拓新的发展空间。

星期二
后贤制宜

凡可得而变革者，正赖后贤相时制宜。

——《曾国藩文集·金陵楚军水师昭忠祠记》

【译文】
凡是可以变革的事情，就是依靠后代的贤人根据时代的不同采取适宜的办法。

笔 记

李鸿章是一个很有史识的人，他总结历朝历代那些乱世中的风云人物，认为他们的作用无非是补天、糊弄。李鸿章认为他们很少进行制度创新、提供思想资源，很少开拓出另一种天地；认为从他这一代人开始，面临着五千年未有之变局，要煞费一番苦心，引导变革。这一思想不是来自于别人，正是来自于他的老师曾国藩。

曾国藩认识之灵活，对取法变革的意识之强烈，是当时一般的老朽官僚所不能比的。无论是他向咸丰皇帝提出改进政务，还是训练湘军、领兵打仗以及创办洋务，都具备着一颗灵活多变的头脑。比如，他所创训的湘军，就改变了绿营军的世兵制，而采取招募制，类似现代的雇佣兵制度。他的湘军后勤采取民夫配给制度，相当于现在的后勤社会化。这些都是以往所没有的办法，他因时制宜，果断创新，也充分收到了创新的效果。

至于说创办洋务的工作更不用说了,毫无历史之经验,完全需要一切从头开创,曾国藩开了个好头。从一个细节可以看出他的革新性:他虽然出身科举,但并不认为科举能够真正造就一个人才。他的两个儿子曾纪泽、曾纪鸿,虽然也学习科举文章,但曾国藩破天荒地给曾纪泽请了西方人做老师,使他成为较早熟练掌握英文的中国人之一,为日后成为杰出的外交家打下了良好基础。曾纪鸿更是剑出偏锋,钻研数学如痴如醉,成为近代较早的数学家,知识视野之新颖,令人感叹。

行动指南

管理者要勤加反问自己,面对各种问题,是否有足够的求新、创新的意识,如果没有,要因时制宜,加以创新。

星期三
适时求变

适时求变,应变自如。

——清·欧阳兆熊《水窗吪语》

【译文】
根据情况求变化,而且应变起来非常灵活。

笔 记

曾国藩的好友欧阳兆熊写有《水窗春吪》一书,其中提到老友曾国藩一生"三变"的故事:说他书法初学柳公权,中学黄庭坚,后学刘墉;学问,初为辞赋,中为理学,后学训诂;政治上,先学程朱,后学申韩,最后学老庄。他因此感叹曾国藩与时俱进、学时务、务时学的高超本领。

曾国藩也说过自己办湘军,是"赤地立军",任何事都要"另起炉灶,重开世界"。因此,凡他经手主办的军务、政务乃至洋务,每一步都带有很强的探索性。

为了对付以广西老拜上帝会兄弟为强大核心的太平军,他的湘军也以师生、同乡等私情结合起来办公事。他把两者争端简化为湘人和粤匪的争端,中华传统和西化倾向的争端,从而占尽了舆论的上风,避免了自己重蹈同和春、向荣这样的不思变革的将军的死亡命运。

曾国藩这种勇于变革的态度,极大地影响了他的门生李鸿章。李鸿章对中国处于千年未有的变局中的命运,头脑非常清醒。他的门生张之洞、刘坤一、陈宝箴、盛宣怀等人又轰轰烈烈地办起了洋务事业。其中,陈宝箴后来担任湖南巡抚时,在其子陈三立的襄助下,甚至开始了政治改革的探索。而变革更大的戊戌变法运动,李鸿章也一度默许并支持。这都是从曾国藩这里开了个好头。

行动指南

管理者要抱定变革的信念,时刻做好改变的准备,变中求生,变中发展。

星期四
深谋远虑

凡行公事,须深谋远虑。

——《曾国藩家书·致九弟曾国荃书》

【译文】
凡是做涉及公共的事务,一定要想得更深、更远一点。

笔 记

管理者所处理的事务,大多数都属于公事之类,这跟管理者自身善于处理的业务工作有着区别。大凡公共事务,都会涉及很多人的切身利益。因此,管理者单纯从组织的整体利益出发去办事,总是阻挠重重。曾国藩提出"深谋远虑",是有他自己深刻教训的。

湘军初创,虽然屡打败仗。但随着曾国藩本人对军事研究的深入,对指挥作战艺术的充分了解,湘潭大捷以后,湘军逐步走出了持续败绩的阴影,接二连三地打了胜仗,把太平天国的势力驱逐出了湖南、湖北两省。作为一支一省的团练军队,能做到这一步已经不容易了。但曾国藩踌躇满志,要率领湘军出省作战,进入江西境内。他简单地认为,这是为朝廷谋福利的事情,只要军事上进展顺利,一切都好办。不料,他遭遇到的最大的阻力,不是来自敌军,而是来自江西同僚们的反对。时任江西巡抚的陈启迈,非常反感曾国藩染指江西军务,屡屡给他施加压力,并坚决不提供湘军所需的后勤保障。致使湘军在江西境内连吃败仗,在石达开、林绍璋的反攻下,节节败退,几乎丢掉了在湖南省取得的全部战果。

事后,曾国藩即便弹劾了陈启迈,但也无法尽快恢复湘军的元气,致使贻误趁太平天国内乱取得决定胜利的时机。因此,他一直反省自己这一点,认为处理这些大事,不能意气用事,被别人牵着鼻子走,没有做到深谋远虑。

行动指南

管理者要比任何人都多想一层、想得更深一层。特别是那些大局和私利发生矛盾的事件,一定要能看到事实的本质,在表面风平浪静的纷争中谋求最佳的平衡。

星期五
高明与精明

人见其近,吾见其远,曰高明;人见其粗,吾见其细,曰精明。

——《曾国藩家书·致诸弟书》

【译文】
人见到近的,我看得更远,这是高明;人见到粗疏的,我看到细致,这是精明。

笔 记

用"五四"时代的话来讲,曾国藩是一个封建"卫道士"。只是很多卫道士们说得到却做不到，而曾国藩是说得到也做得到。这是他足以令世人以及后人敬佩的地方。但和很多"卫道士"一样，曾国藩所说的话，也常常有自我矛盾的地方。他是一个极力推崇"拙"术的人，却也冒出了"高明"与"精明"的议论。这足可见，他所谓的"拙"，是一种经过头脑权衡后的"拙"，刻意为之，是要保证事业最稳妥地达到成功的手段。

纵然天资并非特异，曾国藩当然不笨，而城府修养也是非常之高。正因如此，他强调要看得更远，看得更细。当初，他的座师（就是主持他进士考试的学官）吴文镕担任湖广总督，在湖北黄冈被太平军兵困。咸丰皇帝连下多道诏书，要求曾国藩带领刚刚组建不久的湘军去解救吴文镕。曾国藩从感情、从道义上都有必要出兵，但他的湘军实力却远远不济。因此，他汲取江忠源愚忠赴死的教训，顶着巨大压力，抗旨不遵，始终保证湘军有充裕的练兵时间。但吴文镕也因此在无兵救援的情况下，被太平军所逼迫，投水自杀。也因此，后来曾国藩饱受官场同僚诟病。

管理者从曾国藩身上学习守诚、守拙的品质的同时，千万要记得那是建立在他绝对高明和精明的权衡之上的。得鱼而不忘筌，才是管理智慧的精要所在。

行动指南

高瞻远瞩，比别人看得更远一点，就是更高明一点；注重细节，比别人看得更细一点，就是更精明一点。

星期一

宁拙毋巧

须有宁拙毋巧之意,而后可以持久。

——《曾国藩家书·致曾国荃》

【译文】
　　一定要有宁可笨拙但不争机巧的意志,然后才能行得久远。

笔　记

　　据曾国藩自己说过,他少年时候有一晚要背诵一篇课文,他使尽了全部的力气都背诵不得。于是,发起了倔气,发誓一定要背诵完毕才肯入睡。一家人都去睡觉了,惟有曾国藩一个人还在那里不停地背诵那篇课文。有个小偷潜伏到曾家,躲在房梁之上,准备等一家人睡着了就下手。可曾国藩跟一篇文章耗上了,左背右背,还是背不上。小偷等到半夜,实在忍不住了,从房梁上跳了下来,夺走曾国藩的书,跟他说:"你真笨,还读什么书,我听你读几遍都背上了,你还背不上。"说完,就面对着曾国藩背诵起来,果然一字不差,然后扬长而去。这个小偷激发了曾国藩的羞耻之心,也对他触动很大,以后他更加努力。

　　这个故事只是一个传说。因为曾国藩五岁就识字,九岁就读完了四书五经,十四岁开始作八股,可以说很有天赋。但这么流传,是曾国藩希望证明他的成就并非全部靠天赋而来的,而是完全凭借着自己的努力而来。正因为这一切都凭借着辛苦努力而来,所以曾国藩首先推崇"拙"而不推崇"巧"。在他看来,要想事业持久、基业长青,"拙"的功夫一定要先到位。要一点点地尝试,多吃一些苦头,从而充分了解事物的个中滋味,然后一点点地化解具体的困难,一点点积累小的成绩,再汇集成大的成就。他的这种思想,不仅仅是中国古老哲学的"守拙"道理，还获得了当代优秀管理者们一致的认同，"不走捷径"成为很多成功的大企业家所奉行的原则。

行动指南

管理者要慎防"机心"，不走捷径。即便是自己有快速达到某种效果的念头或者想法，也要按捺住，考虑最常规、最稳妥的办法，然后把这两种办法对比、综合起来使用，以保证好"拙"与"巧"的平衡。

星期二
规模综理

古之成大事者，规模远大与综理密微，二者缺一不可。

——《曾国藩家书·致子纪泽、纪鸿》

【译文】
古代成就大事业的人，需要有远大的规划和细致入微的缜密思考，两者都不能缺少。

笔 记

古人云，"立功、立言、立德"是"三不朽"的境界。要同时做到这种"三不朽"，非常困难。曾国藩对于清廷和整个华夏文化的传统而言，实现了"立功"；精于十三样的学问，流传下洋洋一千五百万字的作品，是流传作品量最大的古人，实现了"立言"；将儒家的行为准则真正地身体力行，并发展到了新的水平，实现了"立德"。曾国藩达到了"三不朽"的境界，因此，后人一致评价他为"古今第一完人"。可以说，对于如何才能成大事，他是了然于胸的。

"规模远大"，要求一个人能够有很高的战略眼光，能够看得足够远、看得足够开阔。用佛家的话来说，就是要"发大愿"，具备"成大事"的欲望。当然，如果不加以努力，这种"喜大"的性格，又会沦入空谈之中。

"综理密微"则是不论大事小事都必须亲自做。因为细节决定很多因素,如果每一件事情的细节不能做得尽可能地完美,这儿一点疏漏、那儿一点问题,积累起来,再宏伟的目标都会发生偏移,或者不得不陷于对许许多多小毛病的损耗之中。大事做得再漂亮,比方说生产航天飞机,如果一个零件发生问题,就会发生机毁人亡的悲剧;小事情做得扎实,即便只是做炸鸡块这样不起眼的工作,也会把产品卖到全世界,成为肯德基那样的大企业。

行动指南

大处着眼,小处着手,大事从小事做起,未来从现在做起,要成为"今之成大事者",已无需再有什么赘言了。

星期三
先剪枝叶

欲拔本根,先剪枝叶。

——《曾国藩家书·致曾国荃》

【译文】
　　要想除掉根本,先得把枝叶剪掉。

笔　记

这是曾国藩治军思想的一个重要的原则性判断。一般而言,大家都比较容易认可"斩草除根"的想法,认为只要迅速把根底铲除就算完了。但曾国藩出于扎实稳妥的推进战略的考虑,非常反对这种急于求成的战略原则。他提倡,稳打稳扎,步步为营,步步推进,始终认为要除掉根本,先把枝叶给剪除掉。

他的这一战略思想,与当时的主导战略思想巨大的区别表现为,他对太平天国采取从长江上游向下游进军攻打的战策,而清政府则采取江南、江北大营夹击太平军的策略。最后,曾国藩用事实证明了他的战略构想更成熟,也更成功。除此之外，就是在剿灭捻军一事上的分歧了。清政府对捻军的剿杀，用围追堵截的办法。但捻军的机动能力强，游击战打得很精彩，清政府失去了亲王僧格林沁，从而不能剿灭捻军。曾国藩针对捻军的特点，提出了分师围堵、守株待兔的战法，他指挥淮军分四个大区设防，把捻军驱赶到四区当中，随后紧缩收网，逐步消灭。但历史并没有给曾国藩以时间完成他的战略构想，他很快因为身体不适，放弃了对捻军的剿灭。后来，李鸿章接替了他，继承他的"先剪枝叶，后剪根本"的办法，同时加以改进，提出"扼地兜剿"的战略方式，慢慢把捻军给镇压下去了。

行动指南

"先叶后根"的做事策略，适宜于解决各种困难问题。管理者要因事制宜，先解决一些次要的问题，使得重要问题更加孤立、突出，然后一举解决主要问题。

星期四
安排算计

宁可数日不开仗，不可开仗而毫无安排算计。

——《曾国藩文集·治理语录》

【译文】
宁愿一连多日不打仗，也不能打仗之前毫无安排计划。

笔　记

曾国藩打仗讲究局部的绝对优势，讲究攻防结合，讲究在自己由弱变强的过程中消耗掉敌人的有生力量。比方步步为营、围点打援、逐个击破等战术，都是在他的主导之下提出来的。他更注重堡垒战术，一个点一个点地进行战略推进。好比下围棋，不计较一个子或者几个子的损失，但一定要有目的地推行每一步，让敌人顺着自己的战略走。这就是他的"宁可数日不开仗，不可开仗而毫无安排算计"的精髓。

当然,在战略推进过程中,有时必须面对败局,自己心中的小仗可以不计较胜负,而大战略节点的仗一定要全力一搏。否则,不顾战术的迂回和对胜利率的一味追求,容易在拖垮敌人的同时,也拖垮自己的斗志。王闿运在草拟《湘军志》提纲时,对曾国藩打的仗进行过统计,得出了一个"亲自指挥则败,间接指挥则赢"的结论。他把这结论递给曾国藩时,曾脸上青一阵红一阵,很是挂不住。但事实的确如此,他给皇帝的奏折里写自己"屡败屡战",凡他亲自指挥的战斗没有一次不败的,而他做战略上统领、由部将直接指挥的战斗都能大胜。可见,曾国藩确是好的战略家,但非好的战术家。但这种战略性原则,与李鸿章早年见仗就打,虽然每打都能小胜却始终摆不平敌军的"浪战"相比,有着巨大的高瞻性。

行动指南

管理者所经手的很多工作是有竞争的。但凡有竞争的工作,其浅层的道理都与战术相通,而深层的道理则与战略相通。赢得战略,放宽战术,才是胜利之道。

星期五
算成必算败

可进不可退,算成必同时算败。

——《曾国藩家书·致九弟曾国荃》

【译文】
一定要进步不能退步,计算胜算的同时也要算败数。

笔 记

研究曾国藩率领湘军扑灭太平天国的行军路线可以发现,即便他屡战屡败,但的确如他自己所说的,每前进一步就没有后退。曾国藩交过手的太平军将领主要有石达开、陈玉成和李秀成三位。这三位完全可以说是太平军的军事奇才,曾国藩审讯李秀成后，对其才智非常之激赏，认为自己部将少有如此之人。这些年轻有为的将领和曾国藩交手，可以在某一时、某一段的小战场上赢得对方，甚至赢得很大，却丝毫没有想过和对手进行战略上的博弈，只能听任对方慢慢发展壮大，自己却无能为力，最终总不免败局。

石、陈、李三将，几次把曾国藩的湘军打得落花流水，甚至把曾国藩逼到要自杀的地步。但他们没有一人能够做到把湘军逼回湖南省境内，也无可奈何于湘军即使再失败，还是能够一点点在湖北、江西、安徽直至江苏、浙江等各个省立下足来，从而慢慢占据长江上游的有利战略位置。这就是战略制胜的优势所在，也是曾国藩在"算成"与"算败"的权衡中坚持不懈的地方。曾国藩敢于倾全军之力，攻取安庆，而陈玉成等却轻易地放弃太平天国本来强大的水师力量，致使湘军水师在悍将彭玉麟、杨岳斌的带领下，从无到有，独霸长江。

一个老谋深算却笨拙顽强的老儒者，从一群年轻气盛、机智灵活的军事奇才手中，一点点地抠回胜利。历史的进程就是这么简单。

行动指南

一流的管理者计算战略上的进退，二流的管理者计算战术上的输赢。能在损失中算到所得，能在所得中算到所失，这就是中国质朴的"阴阳交融"观念。以前进与取胜为目标，不在乎一时的输赢。

谋略，清神意平

第一周

星期一

立定脚跟

要与世间撑持事业，须先立定脚跟始得。

——《曾国藩家书·致诸弟书》

【译文】

要在这世界上支撑起一片事业来，一定要立稳了脚后跟才开始有所得。

笔　记

曾国藩所谓"撑持事业"是指一个人能够独立地承担一定的社会责任，能够使得个人理想和社会需要实现一个有效的结合，为社会打开一片新天地。而所谓"立定脚跟"，则是一个刚刚开始的状态，初步获得社会的认可，并崭露出能做成一定事业的能力。

与"撑持事业"相比，曾国藩认为"立定脚跟"更加艰难。因为立定脚跟首先要经历"正心"、"修身"等磨炼过程。曾国藩无论对待自己，自己的弟弟们、子女们，还是李鸿章这样的得意门生，都要求他们首先谋求"立定脚跟"之道，然后再图撑持事业。李鸿章最初投靠曾国藩时，已经是官居四品的按察使，帮助过吕贤基、福济、胜保等大员编练过团练，很有一套作战经验。他希望自己的恩师能够授予自己一支军队，以获得军功。但曾国藩只任命他做了一个小小的文书，一点一滴地从头学习湘军的训练方法。直到李鸿章放弃了自己志大才高的想法，立稳了脚跟，曾国藩才赠送两营军队给他，帮助他组建淮军，撑持了一片事业来。

行动指南

每一项工作都可以分为"立稳脚跟"和"撑持事业"两个阶段。初见成效，初探门径，并慢慢熟练，算是立稳脚跟；不断增加业绩，快速发展壮大，算是撑持事业。

星期二
诚而可大可久

人必诚，然后业可大可久。

——《曾国藩家书·致子曾纪泽》

【译文】
　　人一定要有诚意，然后事业才能盛大而持久。

笔　记

　　曾国藩有个好友叫罗泽南，是一个非常清贫的读书人。罗泽南是一个有满腔报国热情的人，他一连考了几次的科举都没有通过，由于家庭贫穷，常常陷于无米下锅的境地。有一次，他科考又失败了，回到家里问有没有钱，准备再搏一次。他妻子就骂他："饭都吃不上了，还参加什么科举！"但即使这样，罗泽南的志向始终都没有改变，他不抱怨贫穷，只抱怨自己读书不够努力，未有大本领报效国家。

　　曾国藩很佩服罗泽南的一腔诚意，也很佩服他的品德。当太平天国革命暴发后，罗泽南站在清廷的立场上，组织地方团练准备镇压太平军。曾国藩也开始组织湘军，并且第一考虑合作的人，就是罗泽南。因为在他看来，要干一件事，才能的不足并非很大的问题，关键是是否有发自内心的诚意，真心且一腔热血才能办好事情。后来，曾国藩和罗泽南达成了合作，罗泽南将他组织的五百人的武装带到了曾国藩麾下，成为湘军的第一批骨干，就是"老湘营"。

　　诚意，用现代的话来表达，就是对某一价值观的坚定认同。再优秀的人才，如果不能和组织保持价值观的统一，显然就会对共同的事业缺乏诚心。那么，这样的人才绝不能任用。

要做好某方面事情,管理者需要扪心自问,是否有足够的欲望做好它,这种成事的欲望不因各种问题和困难而改变。这就是临事的诚意,也是成功的基础所在。

星期三
从容安详

从容安详,为处事第一法。

——明·吕坤《呻吟语》

> 【译文】
> 从容安详,是处理事务的第一法门。

笔 记

曾国藩的全话如是说:"凡事须安详和缓以处之,若以慌忙,便恐有错。盖天下何事不从忙中错了。故从容安详,为处事第一法。"

这句话和他所说的"遇忧患横逆之来,当稍忍以待其定"颇为近似,不过前者指的是突发性的事件,后者指的是任何事件。我们都知道慌慌张张地做事情,显然就会出错。犯错误会影响事件进展的进度,使得人不得不回过头分散过多精力弥补错误。与其如此,不如求稳当,一件事办好再推进下一件事,环环相扣,从容推进。

曾国藩用兵最忌散乱的险招出错。有一次,他到江西驻扎,发现有一位部将把一营五百人的兵马驻扎到离大营稍远的地方,说是为了守险。曾国藩立即命他带领人马回头,并说道:"虽然你是为守险而去,但我大营的力量就分散了。这样如果敌军来袭你,险是守住了,但我大营必要救你,就会空虚。如果大营被袭,你来救,也嫌力量单薄。两头顾不上,不是添了多的乱处,埋下祸害么。"部将听了都心服口服。

行动指南

　　管理者进行一件事务，要牢记"如无必要，毋增实体"，即一件事情没有处理完，不要增加另一项事务。要做到"从容安详"，就必须最大化地简化事务，最大化地专注于目标的推进。

星期四
放开手，使开胆

　　放开手，使开胆，不复瞻前顾后。

　　　　　　　　　　　　　　——《曾国藩家书·致诸弟书》

【译文】
　　放手去做，拿出胆魄来，不要瞻前顾后、犹豫不决。

笔 记

　　一个人的胆魄从何而来？天生的么？显然不是，天生魁梧、胆子很小的人大有人在。

　　所谓胆气和魄力，终还是来自内心的意志和信念。曾国藩出山领军之前，不但遇事瞻前顾后，而且胆魄很小。因为领兵打仗不是做官那样，都是真刀真枪的较量，曾国藩一介书生，很害怕自己会失败。所以，出山之事也是好友胡林翼、郭嵩焘通过他的父亲曾麟书才勉强把他说动的。在鄱阳湖上和太平军水师作战，他凭借着大战船的利炮，却不敌太平军的小舢板灵活机动，最终导致水师全盘覆灭。战败后的第一件事，曾国藩就是想着投湖自尽。面对死亡是有胆量的，但面对责任却没了胆量。当他说："放开手，使开胆，不复瞻前顾后"之话时，更多的其实是一种自我批评、自我鞭策与自我鼓励。

行动指南

　　胆魄由心生，管理者要像曾国藩一样不断锻炼自己遇事的胆魄。不要害怕失败，只有上手去做，在不断的失败中作出调整，在失败中进步，才能探索出一条成功的道路。

星期五
五六分即做

　　先静之，再思之，五六分把握即做之。

——《曾国藩家书·致曾国荃》

【译文】
　　先安静下来，再慢慢地考虑清楚了，有五六分把握就立即去做。

笔　记

　　我们遇事，很多时候对事的把握度并不是那么轻松自如。机遇来临，心中有多大的把握才能做呢？曾国藩给我们的建议非常好，有五六分把握就可以了。

　　曾国藩在家乡为母亲守孝之时，整个太平天国革命正处于最鼎盛的时期。许多的朋友、同僚劝说他出山，组建一支军队，平息太平天国，邀请者甚至包括当时的湖南巡抚张亮基。但曾国藩犹豫不决。因为这样的事，他不但没有做过，而且自我感觉连一点胜算都没有。他只是静静地在心里盘算着，想着自己如果出兵，胜算难卜，就算成功了，又会引起朝廷的猜忌。这种进退两难的境地，他都得疲于应付。

　　直到他的好友郭嵩焘到他家去游说他，两人详细分析了出山起兵的利害，发现有五六分的胜算。在这种情况下，郭嵩焘特别用"世无艰难，何来人杰"一说来鼓励曾国藩，这才使得他下定决心，出山组建湘军。为日后开创一个崭新的事业，迈出了第一步。

行动指南

面临一个新的项目或者一项新的事业，要安安静静、小心谨慎地思考，如果有五六成的把握，就放手去做。事情都是在实践的过程中，边做边改进的，有五六成把握就可以开始干事情了。

第二周

星期一
清神意平

凡将举事，必先平意清神，清神意平，物乃可正。

——《淮南子》

【译文】

　　凡是要做事情了，一定要先保持心意的端正、精神的清明。精神清明了，心意端正了，事物就可以慢慢展现出正道来。

笔 记

　　曾国藩是一个很见性情的人，他以修身进德为己任，晚年大功告成，担任两江总督，重建被战火破坏得严重的南京城。南京的一段秦淮河沿岸，曾经是有名的"娱乐一条河"，但被内战战火彻底破坏。时任江宁县令是个迂腐的儒生，因此上书给曾国藩，说："秦淮河的繁荣有伤风化，与圣人教诲相悖，正好趁着这个机会铲除干净。"曾国藩却没有采纳他的建议，而是重修了十八里秦淮，重新繁荣了娱乐业。

　　这令江宁县令很不理解，曾国藩因此写了封长信教导他说：修政要善于因势利导，执政者不能因为自己的喜好而限制别人，只要精神清明、心意端正，处理事物就可以归于正道了。当秦淮河修复完毕，曾国藩带领大小官员亲赴其中喝茶、饮酒，与民同乐。他诚恳地跟大家说："年少时，窥探烟花酒楼之地，心向往却不能去；现在能去，却无欲去。"他的这种宽松的态度，使得被战争弄得大伤元气的南京城很快恢复了繁荣，而曾国藩本人却并没有被传统、迂腐的礼教所诟病，正是"清神意平，物乃可正"。

行动指南

管理者面临事务、挑选人才，一定要把"德"放在第一位。办好一件事，要首先关注这件事所需要的职业素养和职业道德。一个具备良好职业道德和职业素养的人，能够做出意想不到的成绩。

星期二
心平历险

居心平，然后可历世路之险。

—— 清·申居郧《西岩赘语》

【译文】
将心境放平和了，之后才可以经历世上道路的艰险。

笔 记

我们知道，两千四百多年以前，孔子提出了他的儒学思想。为了推行他的主张，孔子周游列国，颠沛流离，被人嘲笑为"丧家之犬"。孔子听了之后，并不在意，还十分赞同别人对自己的这番形容。同样这种状态，也可以形容曾国藩创建湘军后的状态。为此，他才会提出"居心平，然后可历世路之险"。

曾国藩和孔子一样，既有很高的学养、见识，也有坚定的信念。特别是在贯彻、捍卫儒家思想这一立身之旨上，几乎一样的千回百转不肯回头。为此，他碰了不少钉子，犯下了很多的错误（比如一度对民众太苛刻、对同僚们批评太大），吃了不少苦头。也为此，他深刻体味到，很多的问题，还是出在自己的心中。理直了，但气不可壮，若心中总是充满愤愤不平，则并非是显示了自己的清高，而是自大的表现。"见全是坏人，不如见全是好人"，曾国藩放弃了一个封建卫道士所把持的"礼教"姿态，以平静、平和、平等的心态待人接物，世路的艰险也就平和了很多。

行动指南

一个管理者如何做到居心平呢？从曾国藩身上，可以得到启示：注重自我反思与自我批评，若自己因认识或者工作失误造成了问题，要勇于在员工面前自我批评；注重组织沟通和换位思考，在内心中平等地放置整个组织和成员。

星期三
淡定处事

处有事当无事，处大事当如小事。

——《曾国藩家书·致诸弟书》

【译文】
把有事的心态当成无事的心态，面临大事的心态当成面临小事的心态。

笔 记

曾国藩一直强调"常怀冰渊之心"，就是无论面对大事、小事，都要谨慎处之，勤加控制，才能保证成功。但他又说"处有事当无事，处大事当如小事"。这岂不是自相矛盾吗？

事实上，这并不矛盾。曾国藩所谓的"冰渊"之心是指对待事情的大体态度问题，在态度上要认真严谨，这是不错的。而当面临具体的事务时，不论多大还是多急，都要有一个良好的心态。这个心态的基础恰恰就源自于平素待人接物的谨慎小心。古人云，"泰山当头而面不改色"，就是指这样坦然、从容、胸有成竹、稳重自若的心态。

史书记载，曾国藩进军到安徽境内，大帐驻扎祁门时，遭遇太平军的十面合围，形势非常危急。他也料定此番凶多吉少，便把佩剑高悬于堂上，一旦太平军杀入，便准备自裁。同时，他还是神情自若地与幕僚下棋、论书画，丝毫没有显出任何紧张的气氛。后来鲍超回兵，发现大本营情势危急，忙救下了祁门之围。要说曾国藩处事的心态，这恐怕是一个很好的例子吧。

行动指南

管理者面临危机的态度，直接影响到组织成员的心理状态。管理者临事当有大将风度，临危不乱、临急不躁，临突发事件不恼怒，临重大事件不焦虑。惟有胸有成竹，才能做到这一点，平时只有以严谨的态度勤奋学习、勤奋做事，积累丰富的经验，才能在胸中蓄养大气。

星期四

心苦事盛

心至苦，事至盛也。

——《曾国藩家书·道光二十三年致好友刘蓉》

【译文】

内心能承受住最大的艰苦，则事业就会发展到最大的繁盛。

笔 记

苦心，是管理者的职业要素，也是必修的课程，所谓"劳心者治人"。中国古代的哲学家很有趣，明明是脑力劳动者，却说是"劳心"，令人很难解。可现在医疗科学揭示了这一点，真正从事管理的人，会因自身的压力太大或者处理太多的烦事，而导致内分泌失调。首先一点就是一种叫"内啡肽"的物质分泌会受到抑制，使得身体感受愉悦的指数下降，同时，一种叫"可的松"的物质分泌会过剩，导致身体血管的收缩，从而导致新陈代谢失衡，累及肾、肝乃至心脏的健康。

而一个高明的管理者要能够吃得了苦，必须在耐受得住压力和繁琐的事务的同时，适当果断地做好自我身心的调节。这就需要管理者有高度的综合修养，除了能专注于自己的事业之外，还能够在文学、艺术、竞技体育等闲适的事业上有所"乐"获。曾国藩曾说："天下事未有不由艰苦中来，而可大可久者。"只有能获得和事业艰苦同样多的快乐，才能保持好一个良好的生理和心理平衡。曾国藩就是一个很会平衡这种心苦的人，他爱读闲诗，精通书法、国画艺术，甚至对近代西方的科学技术都有着浓厚的兴趣，这使得他在紧张的军机和政务之余，能够做到静下心来，颐养身心。

行动指南

要有吃苦耐劳的准备，也要有获得快乐的能力，保持好良好的身心健康。惟有健康是一切的基础，也只有健康的人才能成就健康的事业，才能达成对社会有益的目标。

星期五
君子尽人事

君子但尽人事，不计天命，而天命即在人事之中。

——《曾国藩家书·答诸弟子书》

【译文】
君子只应尽量把人事做好，不去考虑天命如何，但天命就是在人事之中。

笔 记

根据文化心理学研究，每一个具备较高思维能力的人，无不是在青年时代处于叛逆阶段，动辄怀疑一切、打倒一切、否定一切、敌视一切；到了中年时代，都爱深究一切，进而用心力去按照自己的设想去改变一切；到了老年时代，似乎都变得宿命，经历多了，谨慎多了，认识到自我力量的微小与无力，很推崇那些巨大无边的未知。曾国藩的心路历程，完全符合这样的心理变化。

曾国藩晚年的著述不是很丰，但却因为一辈子过于操劳，中风而死。在晚年，他喜读中国传统的老庄哲学，对那种高妙无边的玄思有了真切的体验。因此，总爱提到"天命"。他的学生就问他天命如何体现，他说道："君子只能把人事做好，不必去考虑天命如何，但天命就在人事当中。"

在管理事务中，理解好这句话，能够帮助我们摆正目标与任务的关系。管理者根据具体情况所制定的战略目标和阶段目标，是每一项阶段任务的"天命"所系，是骨干与灵魂关系。我们需要目标的存在，以保证自己的所作所为有高端的支撑点；但不能凝滞在其上，忽略对每一个细小环节和任务的管控。因为目标真正地呈现绝非在思想上、口头上甚至是纸面上、图表上，而在于每一项具体的事务之中。

行动指南

不必担心自己的目标过于遥远，不必担心自己目前的能力无法和自己向往的业绩相匹敌，记住一点：高瞻远瞩，埋头苦干。当一阶段、一阶段的工作圆满完成时，目标也就会越来越近。

第三周

蓄气长智

受挫受辱之时，务须咬牙励志，蓄其气而长其智。

——《曾国藩家书·致九弟曾国荃》

【译文】

　　受到挫折和侮辱的时候，必须要咬紧牙关激励自己，积蓄锐气同时增长见识。

笔　记

　　曾国藩平生遭受的最大的压力，不在于他在京师的那段磨炼岁月，不在于他率领湘军刚刚走出湖南的那一段时光，也不在于他和湖赣皖三省官员的冲突。而在于在天京城下，合师围攻太平天国的最后一战。这是中国历史上极少数官军在不得民心的情况下，开展的能取得胜利的大决战。曾国藩面临的压力在于，麾下有 12 万的嫡系军队需要他直接供应饷银和粮草，每月花销最少要 50 万两银子。而整个清廷直接指挥的军队，对曾国藩的合围采取观望的态度。另外曾国藩可以间接指挥得了的军队，有 20 万人，在常州、苏州和浙江布局围堵。

　　由于长年的征战，湘军的后勤供应几近枯竭。整个军营里，甚至到了三餐熬粥喝的地步。这时候，一场瘟疫横扫湘军大营。很多湘军士卒染病后，在缺医少药、没有粮食的情况下，晚上迷迷糊糊地倒下，第二天就变成了一具僵硬的尸体。曾国藩最小的弟弟曾国葆也未能幸免，病死在天京城脚下。曾国藩为筹措银两、医药弄得焦头烂额，好不容易获准抽取一笔从江西来的饷银，沈葆桢却奏准截留江西漕折银 5 万两，又将九江的关洋税截留，几乎是要断掉曾国藩的生路。整个湘军开始发生缺饷溃逃的事件，曾国藩担心因缺饷逃变而功亏一篑，上书弹劾沈葆桢,坚持夺饷。就是他在最后关头挺了一把,直至两个月后攻打下了天京。

行动指南

管理工作像马拉松比赛,咬紧牙关,坚持到最后,全凭意志和耐力。力而能挺是英雄,曾国藩的耐压能力,是管理者值得借鉴的一个好榜样。

星期二

居安思危

极盛之时,预作衰时设想。

——《曾国藩家书·致夫人欧阳氏书》

【译文】
　　强盛到极点的时候,预先做出衰败的设想。

笔　记

古人常言"居安思危",这四个字,一直作为千古名言回响在历代仁人志士的耳边。而能把这句忠告转化为自己思想和实践习惯的人很少。曾国藩就是这样把"居安思危"融入到血液中的人,"极盛之时,预作衰时设想"是他这种思想的集中体现。

从曾国藩的生平中可以发现,他思考问题的方式与别人很不相同,不管一件看起来多有利的事,他首先思考和关注的是这件事带给自己的害处和弊端在哪里,能清楚地看到负面效果所在,负面影响有多大,然后才去思考有利的一面。

例如攻打下天京,这对当时的清政府而言,绝对是一件天大的功劳,值得大大地庆祝一番。但曾国藩却冷静地告诫自己的立下首功的弟弟曾国荃,不要先忙着报功请赏,等着加官晋爵。应该考虑到,作为臣子,功高盖主,绝非好事。一方面会引起清政府皇室的猜忌,另一方面也会引得很多王公大臣的忌妒。事实也的确如曾国藩所料,清政府很猜忌曾氏兄弟,重兵加以防备,也不断有大臣进言他们有谋逆之心。

行动指南

　　管理者着手一项事务,都是因为其有利,才会有内在的愿望去做。而能看清危机和潜在的问题,更是清醒和明智的表现。管理者要学会像曾国藩那样思索,不管看起来、说起来或者想起来利益多么巨大的事情,都要善于发现其不利所在,并着力从不利的角度开始思考,先把难题解决掉。这样才能获得稳妥的成功。

星期三
预计盛衰

　　凡有盛必有衰,不可不预为之计。

　　　　　　　　　　　　　　　　——《曾国藩家书·致夫人欧阳氏书》

【译文】
　　但凡事情有兴盛一定有衰败,不能不提早做出计划。

笔 记

　　曾国藩的思维方式是“忧患主导型”的,就是他凡遇到事,先不会看到对自己的好处在哪里,而是首先关注为自己带来的负面效应。这是从他“求缺”、不苛求完美的人生态度出发的。

　　曾国藩经历道光、咸丰、同治三朝,经历过太多的纷争和起伏,对人生有着自己深刻的认识和体悟。当年,他自己的老师穆彰阿在道光朝,受宠一时,大权独揽天下,等到倒台之后,受到千夫所指,声名狼藉。而顾命大臣肃顺,在咸丰朝,也是权倾一时,是天下争相附庸的人物。两宫太后发动宫廷政变后,肃顺满门抄斩,身家性命都不能保,更令曾国藩感到震惊。这种宦海中的大风大浪,使得他时常提醒自己的弟弟、学生们要有充分的忧患意识,不可恃势骄横一时,否则会落得不得善终的下场。曾国藩读历史的功夫很深,从眼前的事情看开出去,他对历上人物的浮沉也深有了解。每次决定重大事项之前,都要查看史书,比照着看历史上同类事件和人物,考虑自身的命运走向。

曾国藩攻陷天京以后,他最大的情绪不是沉浸在胜利的喜悦中,而是慎重考虑应对朝廷的猜忌问题。为此,他丝毫没有放松警惕,亲自提审李秀成,规范湘军在天京城内的作为,消除对自己不利的影响,着手考虑裁撤湘军、要求淮军加强建制、重建两江总督等各项问题。这些持续性的措施消除了清廷的疑虑,保证了他有后路可退。

行动指南

强调开拓性的管理者,更要善于考虑可持续发展的问题。常怀忧患意识,提前预防,是管理事业的大计,也是人生的大计。

星期四
稍忍待定

遇忧患横逆之来,当稍忍以待其定。

——《曾国藩家书·咸丰七年致曾国荃》

【译文】

突遭横祸的时候,应当稍稍忍耐,先等事件安定下来再做决定。

笔 记

战场风云,千变万化。曾国藩带领湘军之后,所遇到的事情几乎都是突发性的重大变故。与太平军相比,湘军人数少,战斗力弱,主帅和将官大多没有什么带兵打仗的经验。而太平军的将领很多都是军事奇才,如石达开、陈玉成等人,他们身经百战,带领着足足五十万的人马,从广西横扫至江浙,无人能敌。

曾国藩经历过的大败仗甚多，而且大多数是攸关大局生死的败仗，如湘潭之败、鄱阳湖之败、三河镇大败、祁门大败、安庆的争夺战、天京的攻坚失利等。每一次大败所带来的负面效应，曾国藩都是费尽了巨大周折，才得以挽回。其付出的代价也是巨大的，他的亲弟弟曾国华、曾国葆为此还付出了生命。然而，身处于晚清政治动荡这个大败局之中，曾国藩对临危救难，体味最深，也最为得力。他所提出的"稍忍待定"的策略，是一条非常有效的经验。

面对突发情况，疲于应付是注定劳而无功的。等待其尘埃初定，突发性的情况自会显露其来龙去脉，加以理顺，才能获得对于事件的自主性。

行动指南

管理者遇到突发事情、突发情况，要视为考验自我、改进工作的机会，镇定从容，不让自己的计划、情绪和工作重心被事件牵着鼻子走。耐心地等待，待事件的动态趋向稳定，再拿出行动，果断加以解决。

星期五
泰然处之

人之处于患难，只有一个处置。尽人谋之后，却须泰然处之。

——《曾国藩家书·致曾国荃》

【译文】
人在最困难的境地当中，只有一种解决办法，就是尽力谋划以后，依然泰然地面对它。

笔 记

曾国藩屡次有过被逼到绝境中的体验。也正是这种体验的积累，使得曾国藩有很多大彻大悟的感受。

曾国藩的"祁门之劫"就是一次处于患难之中的典型事例。曾国藩进军皖南，直逼太平天国的政权力量中心——天京。这给太平军的压力非常大，他们拿出了很大的军力来对付曾国藩。曾国藩对之也有充分的准备，他派出自己的猛将李元度守卫徽州，并反复嘱咐只要坚守不出就是胜利。李元度是一个老秀才，带着深度近视的眼镜，为人踏实忠厚。曾国藩对他的稳重比较信任，相信守住徽州是非常稳妥的事。

不料，李元度几乎犯下了和失守街亭的马谡一样的毛病，贪功冒进，草率地开城门出战，希望能够一举击溃貌似薄弱的太平军，却不料正中埋伏，使徽州尽失。这样一来，曾国藩的祁门陷入长达几十天的四面合围之中。在这种生死一线的状态下，曾国藩认真检讨了自己这次决策的失误。同时，身为两江总督，他还署理了大量的公文，甚至处理掉了一些祁门县地方上的事务。他将大量的文稿、资料妥妥当当地掩埋在一些秘密地点。此时，太平军已经攻破了祁门外围的三道防线中的两道。危在旦夕，曾国藩依然在泰然无事地进行着"日课"，所有军心动摇的人都被他的从容所鼓舞，抱着破釜沉舟的决心坚守祁门。

行动指南

管理者的处乱不惊，坦然对待，应该得益于平时充分的锻炼，要处理大量的事务，充分积累应对各种情况的能力和经验。因此，要想能泰然度过"患难"，就一定要有居安思危的准备。

军勤则胜

国勤则治,怠则乱;军勤则胜,惰则败。

——《曾国藩文集·治兵语录》

【译文】

国家的管理者勤奋则安定,怠慢则混乱;军队勤练则能胜利,懒惰则会失败。

笔 记

曾国藩本是一介书生,虽然做了清政府的二品大员,但从未与军旅打过交道。因为太平天国的起事,他不得不从原先的思考治国政策这类的工作,转向对军事的研究学习。跨领域具有一定的难度,但他依赖于精深的理学修养,把治国的道理带入到治军的工作中,也别开生面地做出了新一番的事业来。

曾国藩的个人修养体系,"勤"是第一位的。他本人就是一个非常勤奋的人,从读书时代开始,就能做到早起迟睡,每日读足了书、做足了功课。即便是入朝为官,他的勤奋力度也从来没有任何的消退。据史料记载,曾国藩个人有着清朝一代官员最高的办公效率——他曾经在半年的时间内,处理过四万多卷宗的文件,而且态度认真,杜绝了大量的遗留问题,绝非马虎了事。这种工作效率是惊人的,这表明了曾国藩的勤奋是实实在在的,也是曾国藩本人能够取得成功的先决条件。

行动指南

对于管理者而言,真正的勤奋,要有明确的方向性。管理者需要勤政,需要勤奋地关注自己管理项目的动态，关注涉及的人、财、物的种种状况。同时，真正的勤奋，需要有灵活的变通性。高明的管理者应该勤于在方法上多下工夫，多学习和思考解决相同问题的不同方法，胸中应该勤备一种"武器库"，能时时推演事务发展的可能性，富有预见和灵活性地解决问题。

星期二

懒生百病

百种弊病，皆从懒生。

——《曾国藩日记·同治三年论勤政》

【译文】

很多的问题，都是因为懒惰导致的。

笔　记

前文中说过，曾国藩本身是一个非常勤政的人，保持着清王朝最高的官员办公效率记录。他的勤奋不仅仅在于学习、办公方面，自己率领的军队每到一处扎营，他都要亲自过问、查看营盘周围的环境，营盘的布局，堡垒的设置，防御工事的修筑。这种"勤"的态度，不仅仅部下叹服，连敌军的将领太平军英王陈玉成也赞叹不已："曾国藩不同于清廷的其他将领，治军严谨，很勤于谋阵布局，很难对付。"

纵然曾国藩在后期很推崇老庄学说的"无为"而治，但他只是战略上的无为，战术上的勤奋、严谨是丝毫不懈怠的。因为饱读国史，曾国藩满腹历史的经验，他深知中国历代王朝兴衰都建立在脆弱的农耕经济之上。即使到了太平盛世，曾国藩也充满着"名为治平无事，实有不测之忧"（苏轼语）的危机。因此，曾国藩在自己勤政的同时，还不断上书劝诫朝廷要抓好全国官吏的勤治，以保证清廷度过历史上从未有过的巨大变局。

管理涉及多人的利益,决定着组织的运行质量和发展前途,是一项包罗很广的工作,管理者要勤于管理、勤于领导、勤于控制、勤于发现问题、勤于改进问题等。如果一个组织有很多问题出现了,那一定是管理者偷懒所致。

星期三
人不可闲惯

人亦不可闲惯,闲惯则些小事便不可耐。

——《曾国藩家书·致诸弟书》

【译文】
人不能一直闲着,闲着对一些小事就不耐烦了。

笔 记

曾国藩是一个耐得了劳苦的人,他也常常要求家人、门生、儿女要有耐得了劳苦的精神。他认为这种精神并非是天生的,并非是哪些人生来就有吃苦耐劳的品质,而是需要从锻炼中得来。对于一个君子,获得这一锻炼最好的途径,莫过于认真读书。

曾国藩早年赴京赶考,并没有考中,在回来的途中,他身上还有余钱,就顺路到南京等地去游览了一番。到了南京,他忍不住要买书,就把身上一些随身物品、衣服典当了,连同余钱一起,买了一套《二十四史》。到家后,他的父亲没有责怪他,反而要求他必须把买回来的书读完。曾国藩从此立下志,每日必读十页历史。久而久之,他对自己每日施加的功课越来越重。比方后来,每日要记日记,要练习书法等。这些功课,在别人看来不可思议,但曾国藩都耐住了,并且持之以恒。总之,他就是不让自己闲惯了。这样一来,他无论面临多重大的事情,都能耐得住劳苦,把事情做得完美。

行动指南

管理者应该给自己规划一些日常性的功课，比方研读管理学的著作，做好管理日记等，既不让自己闲着，又能锻炼出自己耐得住劳苦的品质。小事能耐烦，大事就会有章程，无论大事小事，都会产生游刃有余的感受。

星期四
用苦则明

精神愈用而愈出，智慧愈苦而愈明。

——《曾国藩家书·致子曾纪泽》

【译文】
　　精气神越用就越会锋利，智慧越经苦难就越会清明。

笔 记

　　曾国藩尚勤、尚实用，这点深受明末清初以来的朴学的影响。他被文坛所称道的，是他立足于清代"桐城派"发展起来的"湘乡派"散文。在中国文学发展史上，"桐城派"的散文以姚鼐为代表人。文章注重义理、章辞与考据，也就是说文章的整体风格很严谨，有一说一，推崇扎扎实实苦读研习的文辞风格。曾国藩就是通过对这门文艺的学习，培养了那种耐苦磨炼内心世界的精神。后来梁启超先生评价曾国藩说，他因为事务操劳而没有真正在学术上有所成就，但他的家书同样能表现出他深厚的学养和修养。

　　精神和智慧如同是一把刀子，只有在不断地使用和磨炼中，才会锋利和清明。管理事业同样如此，一千个好主意抵不上一次脚踏实地、吃苦耐劳的实干。

行动指南

　　如果有好的设想，立即投入到实用中去。管理是一门行动的事业，不是一种纯理论的探讨。对可能遭受到的阻力和压力,用勤劳和耐心去化解,在这一过程中,你会惊奇地获得成功的经验。

星期五

逐日检点

凡事须逐日检点,一日姑待后来补救,则难矣。

——《曾国藩家书·致子曾纪泽》

【译文】
　　事情需要每天都检查一遍,一天做不到这点,等后来再补救,就非常困难了。

笔　记

　　曾国藩保持着终生记日记的习惯。这是早年给自己定下的规矩:"日知其所亡:每日记茶余偶谈一则。分德行门、学问门、经济门、艺术门。"他如是说,也如是做,翻开曾国藩的全部著作,他的日记几近他一千五百万著作的三分之一。此外,曾国藩的日课习惯是,每天晚上睡觉前,盘腿打坐,在身前燃一炷香,闭目静思,将一天的行为在内心加以检讨,然后记录下来。日积月累,这些每日的记录,给将来的战略性决策提供了最好的一手资料和参考。在中国历史上,除了顾炎武的《日知录》,几乎无人可与曾国藩的日记功夫相比了。

　　每日盘点自己的管理工作,对于管理者来说,是一种近距离的反思。这种反思有助于改进具体工作中的细节性问题。正如曾国藩所指出的,如果不这样做,以后来补充将是很困难的事。

行动指南

　　每日抽出半个小时到一个小时检查反思自己管理工作中的问题,详细地记录下来,并对工作进行修正。手头积累了这么一笔的财富,将比真金白银还要宝贵。

决事，且挺且韧

第一周

星期一
正位凝命

> 正位凝命,如鼎之镇。

——《曾国藩日记·论临事修养》

> 【译文】
> 端正凝视自我命运,像鼎一样安放在那里。

笔 记

曾国藩给自己制定的第一项内心修炼之术,就是每天晚上睡觉前要静坐半个时辰。他要求自己,静坐须每日不拘何时,静坐一会,从而"体验静极生阳来复之仁心"。

他通常燃上一炷香,利用打坐的安静,全面思考一天的得失,思考自我修身、学问心得、家里家外、为人处世、国计民生等很多问题。这种神思邀游的状态,曾国藩用"正位凝命"四个字来形容,非常准确。他的家人、门生以及仆从都知道这一点,但凡曾国藩打坐,都没有人敢去打扰他。而凡是面临着重大问题,他都要长时间地这样打坐。最典型的是在攻陷天京后的一晚,以曾国荃为代表的很多将领"劝进",就是用无形的压力鼓动他挥师北上,攻灭清廷。他没有直接回答将领们,而是安安静静地回去打坐沉思,等到了半夜,他打坐完毕,写下了那副著名的对联:"倚天照海花无数,流水高山心自知"。此联一贴出来,终于平息了大家喋喋不休的争论。

管理者的静思功夫,要取法曾国藩。所谓"静如处子,动如脱兔",这种能动能静之间,体验着管理者原则性和灵活性的双重修养。安静到可以端正地自我凝视,则所思所行自然会像鼎一样镇着。

行动指南

越是在事务纷繁复杂之际，越要能静下心来沉思，并在沉思中有所得。那种无论临何种事端，都风风火火的态度，最好警惕为上。

星期二
物极则反

久利之事勿为，众争之地勿往。物极则反，害将及矣。

——《曾国藩家书·致九弟曾国荃》

【译文】
为自己长久谋利的事不要做，众人争夺的地方不要去。事情发展到极致会向相反的方向发展，祸害就会到来。

笔　记

曾国藩的弟弟曾国荃，在家里排行老九。湘军之中，都以"九帅"称之。这位弟弟精明能干，是曾国藩最为得力的一个弟弟。但与曾国藩本人大不一样的是，曾国荃为人喜欢与人争斗，性格傲慢、贪婪、好财。曾国藩对他非常忧心，也对他教导得最多。

曾国荃曾经多次参加科举，但一无所获，后捐得了一个贡生的功名。即便如此，曾国藩还是很看好自己的九弟。很早的时候，就称赞他"老沅真白眉"，意思是他能够成就大事业。等到湘军起事，曾国荃投身疆场，善打苦仗、硬仗，直至立下攻破天京的大功。

但曾国荃一开始领兵作战，并不是很顺利，为此也很苦恼。曾国藩知道弟弟好争斗，好名利，心高气傲。因此提醒他，一门心思想着为自己谋利，与众人争夺利益，如果取得了成功，也会遭受别人的忌恨。自己成功得越大，埋下的祸根就越大。因此，他拳拳教导自己的弟弟："很多人谋利已久的事不要做，众人争夺的地方不要去。"

管理者不可避免地要参与到种种的竞争之中。现在学界对中国企业的号召是走出"红水海洋",进入"蓝水海洋",实质和曾国藩说的是一个道理。世事千变万化,众人所往的地方,看似稳妥,但花大力气得来,未必能够保持长久。

行动指南

一个明智的管理者,应该持有不断开拓的精神和准备,不断创造性地开展工作,这样才能使自己的事业立于不败之地。

星期三
不怕死、不要钱

不怕死,不要钱。

——《曾国藩文集·与州县公正绅耆书》

【译文】
　　不怕死,不要钱。

笔 记

这是曾国藩到长沙就任"钦任帮办团练大臣"一职前,发表的就职宣言《与州县公正绅耆书》中的话:"国藩奉命以来,日夜悚惕。自度才能浅薄,不足谋事,惟有'不要钱,不怕死'六字时时自矢,以质鬼神,以对君父,即以藉以号召吾乡之豪杰。"

曾国藩如是说的,也是这样子去做的。当时咸丰皇帝钦点了几十个官员作为钦差大臣,到各省去帮办团练。只有三个人响应号召,起兵建军备战。曾国藩是其中最当一回事的,认认真真地去做了这项工作。大多数人要么拉一支军队来应付了事,要么打一些小仗,当太平军离开本省之后,就立刻解马南山,不再冒险去跟太平军打决战。只有曾国藩一人率领着湘军,出生入死地向太平天国的政权中心进攻。因此,连太平军领袖洪秀全都说:"清妖当中,惟有曾妖最为顽固,最难对付。"整个清政府的东南政权,也幸好有曾国藩振臂一呼,引导着左宗棠、李鸿章、彭玉麟等一时之帅才努力打拼,才得以保全。这种"不怕死,不要钱"的气度,也因此美名传天下。

行动指南

管理者要拥有一个坚定的信念,要公开地把信念宣布出来,既向广大员工表明信心,也给自己和自己的组织或企业立一个无形的军令状,把大家的心力凝聚起来,聚焦起来,从而明明确确地为一个目标而打拼。

星期四
宜减宜省

人宜减者决减之,钱宜省者决省之。

——《曾国藩家书·致弟曾国华》

【译文】
用人的地方,能减则一定减;用钱的地方,能省则一定省。

笔 记

这是曾国藩最初招募湘军的一条办事准则,就是用"减法"来保证队伍的精良和财务的宽松。他草创湘军时,无人,无钱,无权。所依凭的不过是湖南巡抚骆秉章的支持,还有一帮子家资贫寒的读书人。曾国藩千里上书朝廷,把一些被太平军击溃的散兵游勇,比如胡林翼的五百人马、江忠源的残部收集起来,大约聚集了一千人马。在此基础上,又说动罗泽南带领着一千人马归入,抽调旗人塔齐布的一千绿营兵归入。还有其弟弟曾国华、故友李元度等在湘乡、平江两地各募人马归入。到了行将出师的时候,总算聚集起五千人马。

当时,就凭这五千人马,要去和达100万之众的太平天国军抗衡,简直是天方夜谭。曾国藩却没有这个担心，以极其精简的方法，挥师东进。在艰辛、顽苦的作战过程中，他的军力越聚越厚，到了逼近天京城外的时候，他直接指挥的军队有 10 万人，他间接可以指挥的军队也有 10 万人左右。但曾国藩仍然坚持"兵贵精，不在多"的原则。只抽出曾国荃一支军队大概 5 万人围攻天京，其他的水陆各师远远地在各处扎营布巡。

曾国藩的"少做事"原则，就是人员要少，花费要少，无效的出征，即便是能取得胜利的也要少。

行动指南

精兵简政、开源节流。任何一项事务，都要不耐烦地拿出最少人员配置、最少资金消耗的方案，宁可烦一点、累一点，不能把铺张变成组织的工作习惯。

星期五
不散一物

凡有用之物，不宜抛散也。

——《曾国藩家书·道光二十四年致诸弟书》

【译文】
所有有用的东西，都不要随意抛弃、散失。

笔 记

曾国藩是个农家子弟，从穷山沟里考到京城去，从默默无闻到天下皆知，用他的话，野鸡蛋孵化成了金凤凰，用现代时髦话来讲是个"凤凰男"。但他发达不忘本，干了十年的穷京官，好容易到四川点了一趟学官，挣了两千两银子，就立刻寄回到家里，还嘱咐家里周济那些穷亲戚。但他本人却非常节俭，直至临终，除了一堆子书之外，遗留下来的财产就是两箱旧衣物。

这样一个人，日后操办湘军时，经手的每一笔经费都是几万两甚至几十万两，但他绝不会伸一下手。始终坚持着"有用之物，不轻易抛弃散失"人生信条。这与当时高层官员们流行的挥霍风格形成了鲜明对比，与后来执政的慈禧太后，为修颐和园动用海军款更是离若霄壤。即使他的弟弟以及学生，都没法做到他这一点。他弟弟曾国荃，认为带兵就是为了发家致富，通过对安庆和天京的攻陷，捞了大笔的财富，赢得了"老饕"的骂名。他的学生李鸿章，完全传下了曾国藩的衣钵，不过为人却离自己老师差一大截，利用公权之便，使自己家族富甲天下，大约有数百万金产业。李鸿章在招商局、电报局、开平煤矿、中国通商银行等都有不少的股份。他们六兄弟在安徽老家广置田产，在合肥东乡占耕地约 60 万亩，占当地耕地面积的三分之二。最盛时期，李氏家族拥有土地达 250 多万亩，并建造了"大有数百亩，小者亦百十亩"的庄园式宅邸。以这种利用公权肥私的心态做事，自然不可能取得像曾国藩那样突出的成就。

行动指南

管理者务实从哪里培养出来？就是要从一针一线省来之不易的意识培养着手，了解资源的宝贵与来之不易。由具体实在的物的实，落实到一项决策、一个创意、一个制度这些虚的管理产品对利益影响的实。经常这样思考，管理者就会少一些天马行空，多一些脚踏实地。

星期一

深藏若拙

深藏若拙，临机取决，是为利器。

——曾国藩岳父欧阳凝祉赠剑铭

【译文】

　　深深地潜藏，面临问题随机决断，是一把利器。

笔　记

　　曾国藩的岳父欧阳凝祉先生是一个学问深厚的大儒，当年曾国藩到岳麓书院和城南书院读书，曾寻师欧阳先生，向他请教学问。这位先生一眼就看中了曾国藩这位年轻的后生，立即将自己的爱女许配给他。后来，曾国藩创办湘军，据说他岳父送给他一把珍藏多年的宝剑，剑上铭刻着这样一句话："轻用其芒，动即有伤，是为凶器；深藏若拙，临机取决，是为利器。"曾国藩一直把这把剑佩在身边，并时时取出来自我警醒。

　　"轻用其芒，动即有伤，是为凶器；深藏若拙，临机取决，是为利器。"这句话作为剑之铭，说得非常之深刻。剑极其锋利，若随随便便地使用，就会伤人，就是一个害人的凶器，也因此而被抛弃；而若深深地藏着，在重大的决断面前使用，就是良好的利器，会受到器重。曾国藩通过自身体验，在慢慢行事中深刻领悟到这条道理。

　　草创湘军之初，他治军极为严格，第一次战败，就处决了营官金松龄，损失掉了一个很好的人才。随着战事的推进，他知道，胜败实在是兵家最平常之事，不能凭着一时之羞愧，而乱用凶器，对于败军的军官们应采取宽容的态度。随后几次大胜负，曾国藩都没有拿过哪个军官问死罪。只有最后一次，在遣散湘军的过程中，查办了剧烈抵抗他意见的韦俊。自此以后，他更注重恩重罚少，深藏其锋利。

行动指南

这句剑铭，也是一句良好的格言，无论是自己的聪明才智、谋略心机，还是手中的管理权力，绝不轻易使用，用多了，为人太聪明，反而轻慢；平时多思考，遇到重大事项，全力以赴，才是大器之道。

星期二
事前加慎

事前加慎，事后不悔。

——《曾国藩日记·论事前谨慎》

【译文】
　　事前小心谨慎，事后不会后悔。

笔　记

曾国藩办事的小心谨慎是非常有名的，在没有确定任何事有个结果之前，他都能沉得住气，不会疏漏任何的细节。这就是曾国藩"事前加慎"的功夫。

湘军攻陷了天京之后，一时成为清廷乃至全国的焦点所在。很多人七嘴八舌、议论纷纷，大致上说湘军将士昧掉了太平天国"圣库"里一大笔重要的财富，湘军上下发了横财，更有人议论曾国藩要黄袍加身、做皇帝。清廷为此猜忌很重。咸丰皇帝在世的时候，就曾经忧心忡忡地说："去了半个洪秀全、来了一个曾国藩。"可见，清廷一直不信任曾国藩。为此，派了一个高官参观团，名为到金陵参观军功，实为监视湘军动态。在这种情况下，曾国藩启动了他思谋已久的裁撤湘军计划。

建功裁军，必然会引起将领和士兵们的不满。曾国藩很早就放风，说湘军腐败了,毫无生气,因此要裁军。之后,他又惩处了拒绝裁军的韦俊部。为了争得士兵们的理解,他提出裁军则补发饷银,不裁则饷银永无着落。士兵们也欣然解甲归田。同时,为了考虑日后"剿捻"以及自卫所需,他保留了两营两万人马,以及李鸿章的淮军和左宗棠的楚军,有效防止了清政府因他手中无兵而任意加害他。他的裁军行动,可谓对上对下无一遗漏,稳稳妥妥地把最棘手的事情都解决掉了。

行动指南

管理者在谋事、决事时,一定要做到"机关算尽"和"殚精竭虑",揣着小心,才能换来放心。否则,一事一悔,很容易会影响到自己执行的信心和士气。

星期三
大事分明

做大事要明剖是非,不可暗斗。

——《曾国藩家书·咸丰十年致曾国荃》

【译文】
做大事业要明明白白地辨剖出是非的道理来,不要陷入暗中的争斗。

笔　记

对于有志于成就一番大事业的人,曾国藩向来是最好的榜样。除了他的门生李鸿章外,近者黄兴、袁世凯、梁启超、康有为等,都视曾国藩为"近世之楷模"。除了他的事功之外,他们所钦佩的,更重要的是曾国藩做事的方法。

曾国藩所说的"大事"是涉及国计民生的重要事业,对待这些事业,陷入无边际的争斗,其实就是祸国殃民。左宗棠是不屈居曾国藩之下的一个人,当他的楚军在浙江做成了气候之后,因为一点意气上的小问题,就和曾国藩断绝了书信往来,也算绝交了。但当大西北出现问题,需要一个能领军打仗的人去平定变乱时,曾国藩果断地推举了左宗棠。因为,放眼天下,当时也惟有左宗棠能够完成这件事情。不仅如此,曾国藩因为时任全国最富庶地区的两江总督,还源源不断地为左宗棠提供后勤保障。这种不把"大事"卷入个人恩怨暗斗中的胸襟是非常少有的。

行动指南

每位管理者所经营的事业,对个人来说都可谓是生命中的"大事"。那种把大事卷入到个人情绪,或者小利益的纷争中去的行为,绝对是非常不明智的。因此,管理者要明辨是非,权衡利弊,光明磊落地办好大事。

星期四
有藏有露

有藏有露再试锋刃。

——《曾国藩文集·挺经》

【译文】
能够藏着一点、露出一点,以后再试验刀刃的锋利。

笔 记

这句话显然是曾国藩最为深思熟虑的一句话,因为他一生行事完全是按这样做的。梁启超先生曾经这样点评曾国藩:"有超群绝伦之天才,在当时诸贤杰中,称最钝拙。"就是说,他在当时诸多人当中才智是最好的,但却说自己最愚笨。曾国藩一向认为,人要成事,单单有才有志不行,还要修炼自己,蓄势而发。所以,力戒人人都有的傲气,少说多干,是"藏锋"的关键所在。

曾国藩的文学禀赋很好,说起话来,也是一套一套的。但他即便到了晚年,反思自己的时候还说:"清夜自思,尚觉名浮于实十倍百倍也。"并说:"古之得虚名,而值时艰者,往往不克保其终。"就是说,在乱世中,得到一个虚名的人,往往没有好下场。所以,"有藏有露再试锋刃"不只是明哲保身之道,而是真正修炼内心的道理。

行动指南

管理者不能刻意追求深藏不露、老谋深算,那样会被员工视为不可接近之人。管理者的藏和露,都要源自本心本意,自己的确有欠缺的地方,要清醒地认识,藏着一点,暗暗用力加以改进。该"露"的地方,是对管理者的思考、决策和执行能力有要求的地方,在那些地方,须当仁不让,把该做的事情做得漂亮,让大家心服口服。

星期五
且挺且韧

且挺且韧,终奏全效。

——《曾国藩文集·挺经》

> **【译文】**
> 带着韧性地坚持到底,就一定能实现全面的期待。

笔 记

"挺"字诀一直是曾国藩反复强调的一个关键词。他写过一本《挺经》,就是全面阐述他如何面对困境,坚持自己理想和信念的书。曾国藩在年届而立时,鼓励自己"挺"的精神时说过:

"我今年已经三十岁了,脑子很笨,精力又不如以前,以后还有可能取得什么成就吗?但愿我能坚持勤奋与简朴,不要放纵了自己,从而失去了一个人本身的生命力啊。越是困难,就越要努力去做,才期许有所得……天天让自己吃些苦,才不会在安乐中生出淫逸来。就像是种树一样,刀劈斧砍让它长高长直了,牛羊才不会把树叶树皮啃光。也跟点灯一样,灯油要燃尽了,防备着微风吹来,努力培养出自己坚持不懈的精神,才不会导致自己的灵魂迅速地灭亡。"

这段自警的话,曾国藩用一辈子的艰苦奋斗来实践。特别体现在攻打安庆和天京的两个战例中,曾国藩从战略角度认识到,位于长江中游的安庆对于自己沿江作战非常重要,便不惜豁出性命、倾尽全力地攻打安庆城;而在攻打天京的过程中,曾国藩一再提醒自己的弟弟曾国荃,面对兵力丰厚的太平军,务必做好打持久战的准备,把兵力放在"九全"之地,稳步推进,不能贪功冒进。整个天京合围,湘军耗费了整整两年的时间,倚靠蓄势耗敌的策略,最终取得了胜利。

行动指南

管理者之所以能"挺",必须不容置疑地认定自己是不完美的,但相信事情会越做越顺,要耐得住寂寞,也要挖掘成事的乐趣。自己的决策一旦执行,尤要注重细节。一名优秀的管理者需要有雄才伟略,更需要谨小慎微。两者结合,才能"且坚且韧,终奏全效"。

第三周

星期一

知无不用

夫知之而不用，与不知同；用之而不尽，与不用同。

——《曾国藩家书·致友彭玉麟书》

【译文】

如果有知识而不去使用，就跟没有知识一样；如果用了却不尽力，就跟没有用一样。

笔 记

曾国藩是一位格言大师，他关于人生、事业和治学的各种格言，极大地丰富了儒家的思想宝库。更重要的是，他的认识完全来自于一种对儒家信念的成功实践。在曾国藩看来，一切治国活动，上至天文、地理、军政、官制，下至河工、盐漕、赋税、国用，甚至"平洪杨"这类军事活动和"曲全邻好"的华洋交涉活动，均属儒家的"礼"。身为领导者，应该在自己亲身的管理实践中慢慢使得这些"礼"更加完备。

曾国藩注重实践，注重把全部的知识转化成实践行动。当年水师大将彭玉麟隐居渣江，世传勇名，曾国藩就是凭借"知用"之说，力邀他出山的。彭玉麟也是一个非常地道的读书人，一腔报国之志，但对人世间的功名利禄看得很淡。曾国藩劝说他："雪琴（彭玉麟的字）如果你真觉得自己有知有识，就要用出来，既然已经有忠勇的名声在外，不尽力去做好，也对得起大家的期待。"彭玉麟本来内心很淡泊，对世事看得很透，听他这一说，内心中潜藏的那种雄心壮志又被激发了出来，果然出山襄助曾国藩。他倾尽平生所学，发展了湘军水师，把这支水师发展成了长江水师，为创办中国近代海军奠定了良好的基础。

行动指南

管理者要时时提醒自己、提醒自己的员工或者下属，干事业，要有拿出看家本领的气魄，但有所知，无不倾力实用；但有所用，无不尽最大努力。让平生所学化作平生所用，让平生所用化成巨大的功绩。

星期二

谦退养福

惟谦退不肯轻断，最足养福。

——《曾国藩家书·与国荃国葆书》

【译文】

只有谦虚退让不肯轻易下判断，最足以培养福气。

笔　记

关于做人的"清醒"和"糊涂"，曾国藩和弟弟曾国荃说："我有时很忌惮自己过于聪明，太明白了也是误事。当年王璞山领军明明只杀了三十个敌人，上报一百余人的战功，左宗棠查也不查就去报功，我不好说什么；朱石樵也是，根本没有打着敌人，却说取胜了，举荐他的人极力夸大战功，我也不好说什么。"

但所谓"糊涂"，绝不是绝对的处世风格。曾国藩在重大关节上一点不糊涂，甚至谋虑非常深。他还有一句话"总须心中极明，而后口中可断"。曾国藩带领湘军打到了天京城外，恰逢两宫太后联手恭亲王完成了辛酉政变，处理完了肃顺等顾命大臣，取得了最高政权。为了笼络人心，他们借朝廷之名，给曾国藩升了官，给予了他梦寐以求的"两江总督"职，而且另嘱咐他统领浙、苏、皖、赣四省军务。按照惯例，两江总督只分管江苏、安徽、江西三省军务，加上浙江一省（浙江归闽浙总督管），显然授权过大了。这一来倒令曾国藩担忧过虑，他召集幕僚、李鸿章、曾国荃等人开了无数次会，揣摩朝廷用意，总觉得授权太重、杀机也重，便连连上书推辞,并推荐左宗棠统管浙江军务。清廷的意思也很明了,并没有害他的心,否定了他的要求。曾国藩只好接受,还不忘上书说没攻打下天京之前,千万别再给什么赏赐了。其"谦退"之心,可见一斑了。

行动指南

精明到了"狡猾"的程度,自然会回归某种超脱的"糊涂"中,对某些心里念念不忘的东西有"谦退"之心。管理者先得"狡猾",然后再"糊涂",到了"进退"都从容的地步,自然会养福增益。

星期三
用功有恒

用功不求太猛,但求有恒。

——《曾国藩家书·示学致子纪泽、纪鸿》

【译文】
练功夫不求力道太猛烈,只求能持之以恒。

笔 记

和很多古代的贤明人士一样,曾国藩尤其强调"恒"的重要性。曾国藩给他弟弟曾国荃攻打天京的建议就是,不希望一下子能攻下来,而是希望他能稳稳地保持着对天京的包围,慢慢渗透,消耗守城太平军的有生实力。

曾国荃按照他哥哥这条办法去干,断绝了太平军的粮道,高价购买了所有输入城的粮食,特别是那些外国商人贩来的粮食,企图慢慢扼杀太平军的战斗力。不过,用兵奇正相依。曾国藩老谋深算、打着耗敌于长久的如意算盘时候,一场瘟疫也同时消耗掉了湘军自身的实力。眼看淮军和洋枪队咄咄逼人地要来抢破天京的头功,曾国荃急乱之中,使出了猛功,用明攻钟山、暗挖地道的办法攻入了天京城。

曾国藩晚年反省自己的治军问题，觉得自己能力欠缺就在于能正不能平，能稳不能猛，假使这些能力一一具备，平息太平天国也不会用了十年之久。以后，"清剿"捻军的劳而无功也不是没有缘由，更觉得军事战术能力与左宗棠相差很远，即使是冯子材、李秀成这样的战将也不及。这是书生领兵的缺陷，战略强、战术弱。

行动指南

"猛"与"恒"需要辩证起来看，"恒"不是一个静态的状态，恒中要有多变，变中要能求胜；"猛"也有一个度量的控制，该猛的时候一定要猛，该静的时候一定要静。

星期四
独利则败

独利则败，众谋则泄。

——《曾国藩文集·治兵语录》

【译文】

独自享有利益肯定会失败，多人一起谋划则一定会泄露机密。

笔　记

曾国藩坚持一种古老的"慎独"观念，认为如果谋事有利，应当和别人一起均沾，只顾独自享有，则是失败的根本。所以他说："利可共而不可独，谋可寡而不可众。"

曾国藩和左宗棠都是主帅一方的人，但曾国藩能充分成就别人，能充分地尊重别人的事业发展，勇于把别人推向舞台中央。而左宗棠则完全被自己的才能所左右，盲目地自我崇拜，乃至自大。在曾国藩麾下效力，无论是有突出才能的李鸿章、彭玉麟、鲍超、曾国荃等，还是忠厚有余、才能平平的李元度、杨载福、曾国华等人，都能名传天下，成为一时之豪杰。反观左宗棠，干的事业也不小，但他的部将似乎都掩盖在他自己的光芒之下。他自己的女婿是一代名臣陶澍的儿子，跟随着他做事，也没有能够获得名望。这就是众利和独利的区别所在了。李鸿章则深得曾国藩的衣钵，他麾下的刘铭传、盛宣怀、丁日昌、丁汝昌等将领或门生，也都能在他的支持下干成一番事业。

管理者要了解到，事业并非一个人能够支撑得下来的，要让更多的人分享发展成果，才会保证事业的和谐发展。成就别人，从某种意义上就是减少恶性的竞争对手，塑造良好的合作伙伴。

行动指南

有利不先争，有事多深谋。注重在发展事业的同时，成就一群优秀的人才，得人而起，事业才更长久，利益也更长久。

星期五
贵有余气

用兵贵有余气。

——《曾国藩家书·致友李元度》

【译文】
用兵贵在能有余气。

笔　记

曾国藩在写给李元度的一封信中，详细探讨过历史上的若干战例，强调"用兵贵有余气"的重要性。他说："孙权在合肥败给张辽，诸葛亮在陈仓败给郝昭，都是一开始气势很锐利，渐渐就衰了掉了。而惟荀攻打逼阳，气势衰弱却突然振作起来；陆抗攻打西陵，预料不能一次性攻下就慢慢蓄养锐气，一边等待外援一边等待敌人气息弱下去，这是善于用气的例子啊。"

曾国藩这里所说的"气"，就是整个军队的精神状态，比如对战事的警觉心、戒备心，是否乐意作战的士气，以及应战中从容不迫的态度等。这些非物质性的东西，综合起来就是曾国藩所谓的"气"。曾国藩认同"一鼓作气、再而衰、三而竭"的道理，他有一个过人之处，就是能够把"气"这种看不见、摸不着的东西在自己心目中量化盘算，从而决定下一步的措施。因此，在同一封信中，他对李元度说："希望你能学习陆抗，气没有用尽就预先筹算……一定要算好了而后作战，不宜战后再算。一定注意，一定注意！"李元度大概没有能领会曾国藩话中的意思，导致了徽州守卫的失败。

用现代的话语来说，曾国藩善于估量军队中的能战指数，从而判断战争的胜算。如果算有盈余，则认真打好这一仗，不能，就需要养精蓄锐，择机会再战了。他是坚决反对那种没头没脑的"浪战"的，这矫正了李鸿章用兵的致命缺陷。

行动指南

管理者要善于作量化评估，把可以看得见、摸得着的东西作出评估，对完成任务的成功率作出判断。能否实现一个目标，要以"有余气"为准绳，能余则胜。

星期一
不与,不终,不胜

不与,不终,不胜。

——《曾国藩日记·论谨慎处世》

【译文】

不参与,不善终,不胜任。

笔 记

人们常爱说这样两句话"做官要学曾国藩,经商要学胡雪岩"。曾国藩做官,有一个非常好的"三不"原则,可以说也是他成功的诀窍之一吧。

第一是不与。"不与",就是提醒管理者,当自己的事业做大做久了之后,不要对自己的能力产生盲目的迷信,事事都要参与。这样做,既不断给自己增加不必要的压力,也限制了别人的发展。

第二是不终。这里的"不终"的意思是说,要时刻提醒自己提防着"不善终",特别是身居高位的高层管理人员。在古代,就是指大官。古人很早就说"到处都有开始,但很少能看到善终"的,特别是位高权重的人,很多人都在其威望最高时就埋下了失败的种子。

第三是不胜。这里的"不胜"的意思是,要考虑到自己能力的限度,提醒自己谨慎小心。任何一件事情上手,都要斟酌自己能有多少分做成的胜算,不能因为自己经验丰富而掉以轻心。

行动指南

曾国藩的"三不"训诫,应该时时回荡在管理者的脑中,自己发展得越快、越好、越顺,自己手中的权力越大、越重,管理的事务越宽、越广,就越要当心自己的处境,从而实现"少与"、"善终"和"力胜"的成功。

星期二
先微后壮

客气先盛而后衰,主气先微而后壮。

——《曾国藩文集·治兵语录》

【译文】

客气先强盛然后衰弱,主气先微弱而后壮大。

笔 记

老子说过:"用兵有言:吾不敢为主,而为客。"曾国藩因此说:"古人用兵之道,在主客二字上要明确分辨。"他解释道:"守城的是主,攻城的是客;守营垒的是主,攻击的是客;遭遇战中,先到战地的是主,发动攻击的是客……"总之,就是防守的一方是主,攻击的一方是客。在曾国藩看来,在战斗中明确自己的主客身份非常重要。最忌讳居于客位,作主守,或者居于主位,作客攻。他分析清政府所组织的江南、江北两座大营围攻天京的失利,本来应该安守待战的大营,屡屡出兵主动寻觅太平军主力开战。从而导致大营空虚,被天平军几次攻破。

曾国藩的用兵崇尚"以主待客",就是自己不轻易挑衅开战,专诱敌军来攻,通过打击攻击部队,削弱敌军的力量,慢慢积蓄自己的力量,从而达到全盘胜敌的战略目的。他的这一军事思想的提出,对他之后的军事家的影响实在是太大了。蔡锷将军就在对他的思想提出修正的基础上,高度肯定了"以主待客"战略上的价值。

行动指南

后发者如何发展壮大? 曾国藩明白告诉我们:

第一,后发者应该更多地掌握主动权,造成以主待客的局势。

第二，后发者应该把先发者提出的竞争压力，有效地转化为自我提升、自我发展的动力。

第三，忽主忽客，忽正忽奇，变动无定时，转移无定势，是最高境界。

星期三
龙蛇之蛰

龙蛇之蛰，以求其存。

——《曾国藩日记·论自我发展》

【译文】

龙和蛇蛰伏起来，是为了更好地生存发展。

笔　记

曾国藩一生所打的仗，总是胜少败多。这是因为他本身绝非优秀的军事家，但作为一个有明确战略目标的人，经常失败，更容易在失败中反思有关"失败"的道理。曾国藩因此得出了自己一个非常重要的教训："龙蛇之蛰，以求其存。"

这句话可以看成一个失败者对于自我的安慰，但其中更蕴含着奋发图强的深刻哲理。曾国藩领导湘军，最困难的一段时光，是他军出湖南、进驻江西和安徽两省的时候，也就是和太平军战略相持的阶段。就军队总人数以及提供补给的区域而言，湘军比太平军要弱小许多。曾国藩直接指挥的不过两三万人，而太平军则动辄百万之众。同时，湘军还要遭受到江西、安徽两省本身的团练武装以及清政府直接指挥的绿营兵的牵制。

在力量悬殊和多受牵制的情况下，动辄打败仗，几乎是曾国藩的家常便饭。因此，曾国藩提出"龙蛇之蛰，以求其存"。在不利的情况下怎么生存与发展，其实是一门大学问。遭受困境，如何选择"蛰伏"的方式，对于很多管理者来说，心里并没有太大的谱。曾国藩也是如此，他在"蛰伏"过程中甚至一度想过半途而废、心灰意冷、告假还家。但他能挺，而且很明智地挺了过来。选择好了再度出山的机会，牢牢把握住了形势的主动权，进而一举击败了太平天国。

行动指南

管理者当意识到自己存于严重的劣势和困境之中时，需要学习"龙蛇之蛰"的本领：第一，坚韧能挺。挺一挺，则前途无量，半途而废则前功尽弃。第二，审时度势。时时刻刻保持着对事业大形势的思考与判断，理清能力与目标的距离。第三，聚力苦修。苦修管理的内功，苦修业务的本领，以最大的诚意一点点地争取重新发展的资源。

星期四
付笑猜忌

悠悠疑忌之来，只堪付之一笑。

——《曾国藩家书·致友人郭嵩涛书》

【译文】
很多的猜忌不断地涌过来，只需要轻轻地付之一笑。

笔 记

曾国藩对"疑忌"二字的体味要比一般人深得多。他说，自己是在别人的误解和辱骂中一步步取得事功的。靖港战败，骂声一片；到了江西，官场同僚骂声一片；三河镇大败，嘲笑遍朝野；鄱阳湖大败，讥诮之声不绝于耳；就算打下了天京，朝廷的猜疑也到了最高点，派遣大量的监军，准备好三路大军虎视眈眈；晚年处理"天津教案"，朝野哗然，"清议"也一边倒地指责。

面临这么多的猜忌，曾国藩几次试图自杀，但最终他都把委屈偷偷地咽下肚，正所谓"打落牙，和血吞"。他秉持自己的理义原则，扛起所有的责任，把事情以最佳的方式处理掉，的确做到了"悠悠疑忌之来，只堪付之一笑"。能做到这一点，首先要有坚定的信念，其次要有一定做成事业的毅力，最后要看淡名利，要有宽广的胸襟，能够坚持做自己，对疑忌付之一笑。

很多取得巨大成功的管理者，都会将自己的成功付诸无言，也就是真实的艰难和美好的体会绝不轻易与人说。以至于人们都以为，成功是件很容易的事情。能咬紧牙关、顶住压力，把想做的事做好，绝对是需要一番内心修为才可以达到的。

行动指南

面对猜忌和舆论压力，管理者要清醒思考自己是否有误，如果有，那么大张旗鼓地改进，以缓解压力，化解公关危机；如果没有，那就咬紧牙关，坚持到底。

星期五

不轻古人

不可轻率评讥古人。

——《曾国藩家书·致子纪泽、纪鸿书》

【译文】
不能轻率地批评、讥笑古人。

笔 记

曾国藩在世时常被人讥诮为"伪君子"，死后也是如此。有人指出，曾国藩在咸丰皇帝和其父亲死后不久，就迎娶了一个女子，一向满口仁义道德的曾大帅也忍不住这种风流，足可见其虚伪。然而，很少有人能了解到曾国藩的苦处：他患有严重的牛皮癣病，病发起来，浑身奇痒难忍，宿夜无法入眠。长年出征在外，没有贴身的人帮他挠痒，晚上的睡眠质量非常差。他的部将帮他挑选一个侍女，也是及时地解了他的难言之苦。

那些不愿深明就里，轻率评讥先人的人，都是一些智性浮浪的人。他们想法简单，往往只知道一些简单的是非观，就把自己的浅见往先人的身上套。这样的人，在任何一个组织里不在少数。他们对组织历来积累下的经验、文化，采取草率的评议态度。他们所发出的声音往往占了整个组织意见的大多数，左右着管理者的判断和执行，从而形成"多数人的舆论暴政"。这往往使得经验和教训不能得到有效、清晰地传承，从而阻碍组织的有效成长。无论在什么时候、什么情况下，轻率地否定既往，都是极其错误的。

行动指南

　　管理者对前人、前任积累下的经验要采取高度尊重的态度，不能草率地加以否定、讥讽。即使是以前所犯下的错误，管理者也要从中充分地汲取教训，从而提升自身作出正确决策的几率。忘记过去意味着背叛，轻率讥讽、否定自己的过去，意味着失败。

领导，胸襟宽阔

第一周

星期一
听言明察

居官不难，听言为难；听言不难，明察为难。

——明·戚继光《练兵纪实》

【译文】

做官不难，能听得进话才难；听得进话也不难，明晰地洞察事实才难。

笔 记

曾国藩的清廉是人所共知的，他过六十大寿，家中没有做任何操办。很多门生、部将非常有心想为他操办一下，但忌惮他非常不喜欢这一套，商量来商量去，还是不敢提出来，就此作罢了。这样一个官员，廉而不慑，他时刻提醒自己，做大官做久了，容易骄傲、也容易奢侈。

1868年，曾国藩赴直隶总督上任，途中就遇到有人题诗讽刺他。那天，他住在山东新泰县一个叫做寿文阳的小旅馆里。有人知道他要来，就在旅馆的墙壁上提前写下了十一首讽刺朝廷昏聩以及曾国藩无用的诗。其中第九首说曾国藩一家封侯荫子，只图自己家族显赫，却杀人无数，救民无法。清代的文字狱是闻名的，随从立刻要求曾国藩兴文字狱。曾国藩阻止了："国家连年战争，内忧外患，宁为太平犬、不为乱世人，简直在造孽。而当高官的人习惯听赞颂的话，听不到真实信息。这些诗说的都是实话，如果都无法容忍，兴文字狱，就会凭空添了许多的事端。"他还把这些诗记录了下来，加以自警。

行动指南

现代的管理者该如何"听言"、"明察"？很简单，以公开的渠道，建立组织内自由言论的机制,让员工定期畅所欲言,参与到对组织事务的讨论与谋划中。

星期二

听言理观

听言当以理观。

——《曾国藩家书·致弟国华国葆》

【译文】

听别人所说的话,应当以理性的态度去关照。

笔 记

曾国藩平生所治的学说,第一件的就是程朱的理学。这对当时的读书人而言,是一件非常正常的事情,因为理学是官方的学问。但曾国藩不像大部分读书人那样,把理学单单视为进入官场的敲门砖。他很认真地将理学修身、正己的道理,融入自己的生活中去,与自己的事业相融合。所以,他会说:"听言当以理观。一闻在辄以为据,往往多失。"就是说听别人的话,应当以理性的态度去关照,一听就认为是一种根据,往往会犯错误。

如何做到理性地听取别人的话呢?即像曾国藩那样的"主明",就是自己心里要很清楚,对涉及的情况、人事有非常清晰的判断。还有就是"慎审",即要持谦虚谨慎的精神,重视别人的判断,不轻视也不轻信。曾国藩驻军安徽时,和李鸿章有一次冲突。李鸿章坚持认为当时扎营的祁门是九攻之地,很危险。曾国藩不以为然,还动怒驱逐了李鸿章。但很快,太平军合围了祁门,几乎要了曾国藩的命。所以,慎听人言,是性命换来的教训。

行动指南

管理中应充分渗透理性思考,用这种成熟的思考去辨别他人所说的话,也就是加以"理观"。那种好话坏话稀里糊涂都入耳或者概不入耳的态度,将是管理者的大敌。

星期三
重言勿变

今日所说之话，明日勿因小利害而变。

——《曾国藩文集·治兵语录》

【译文】

今天所说的话，明天不要因为小的利害就改变了。

笔　记

曾国藩这里说的是"定见"，一种坚持信念的力量。在此，就要说一下曾国藩和容闳之间的一段故事。

容闳是广东香山人，早年在美国接受了正统的西式教育，并成为第一位获得美国学位的中国人。曾国藩听说容闳是一个从小就接受西方教育的新式知识分子，对他非常感兴趣。当时湘军正好攻陷了安徽的安庆，而容闳也正好在南京、合肥一带做茶叶生意。曾国藩就邀请容闳一叙。两人一见面，就觉得非常投缘。曾国藩邀请容闳在自己帐下做将军，容闳拒绝了，他的志向在于通过办教育来兴盛中华。曾国藩就询问他，如何让中国富强。容闳建议大量购买西方机床等"母机"，以及大量西方的机器设备，开始近代中国的工业化进程。曾国藩欣然接受这一建议，并立即拨款六万多两银子给容闳，请他到西方去代办机器。容闳受命，第二天就停止了自己的茶叶生意，回广东香山告别母亲，独自到美国去购买机器。三年后，他所购买的第一批机器抵达上海。

曾国藩与容闳只是一面之缘，但在交流之后，达成了对彼此巨大的信任。他毫不犹豫地将一笔巨款交给素昧平生的容闳，只是信赖他的为人和对于民族的热爱。这种信赖，即便容闳远走天涯，相隔大洋彼岸，都不会更改。

管理要有定法有定规,管理者思索出来的刚性的规章、制度、规范等,经大家讨论通过后,绝不能朝令夕改,特别是不能因一些权宜小事而更改。多变之言,纯属无信,特别容易导致事态的混乱,因小利而失掉大利。

星期四

<h2 style="text-align:center">德威不示</h2>

荐贤不可示德,除奸不可示威。

——《曾国藩家书·致曾国荃》

【译文】

推举贤人不可以夸饰自己的德行,惩处坏人不可以显示自己的威风。

笔　记

奖惩是管理者必须要经手的一项重要事务。一个优良的组织,必然是奖勤罚懒、奖惩分明。那种一团和气、大家上下都好风格,表面利于组织的发展,实质上是把整个组织放到温水里去煮的做法。在实行奖惩的时候,一个管理者应该注意什么呢?

曾国藩的话给了我们很多的启示。他说,在举荐优秀人才的时候,不能夸饰自己的德行。这种夸饰有双重针对性,一方面针对的是组织内部,另一方面针对的是人才。因为举荐或者奖励优秀人才是管理者的职责所系,做得好是本分,做得不好是过失。这种纯公共性的行为如果在组织内部夸耀,则容易让人怀疑行为的动机;而面向人才夸耀,则容易让对方产生私德的焦虑,认为是单方面受惠于管理者而非自己的能力所致。

同样,惩处组织内犯错、失职的人,更要小心谨慎,千万不能夹带建立个人威望的情绪。惩处是一种不得已而为之的事情,目的不在于惩处本身,而在于更好地促进事业的发展。如果不是凭借一片公心来实施惩处,则容易引发大范围的不满。

行动指南

实施奖惩不宜情绪化,不宜私氛化,应该公开、公平、公正,做到这一点,则管理者的职业品德不需要自己夸饰,自然会被组织成员所认可,个人威望也不需要刻意去造作,自然会取得公信。

星期五
定志少怜

勿过多怜悯。

——《曾国藩家书·致曾国荃》

【译文】
不要太多的怜悯。

笔 记

曾国藩生前身后,毁誉参半。其"毁"的一方面,主要来自他执行法度的事务中,落得了一个"曾剃头"的骂名。因为曾国藩坚决主张"乱世用重典",他执法过程手段异常残忍。对于同情太平天国的人,曾国藩不但毫无怜悯之心,而且不分青红皂白非常冷酷地屠杀他们。他还发明了一种"站笼"的酷刑,把那些敢于反抗清廷的人放在里面游街示众,受尽凌辱。他说:"牧民,务必要除去其中的害虫,而且是根株干净,才能使得良民不受损害,朝廷的威严得以保存。"他还主张"宁可杀错一千,不可放过一个"。因为过于残忍、过于草率,曾国藩被百姓痛骂"杀人如剃头"。这种矫枉过正,也显示了他的铁石心肠之下的残忍。

这是他人生中一个脱不去的污点,但就事理层面来说,其也有一定的道理。当一个组织处于混乱的状态时,人们的内心也常常发生混乱,一些正常状态下注重或者刻意压抑的想法、欲望、情绪,会强烈地爆发出来。此时,管理者有两个选择:一个是用强力进行压制,一个是加以引导。如果选择第一种办法,肯定是要对组织成员的言行进行强制性的干涉或者规范,往往需要采取较平常更为强烈的惩罚性措施。这需要管理者"心"能够"硬"得起来,坚决把原则放置第一位,保证事业的规范化发展。

行动指南

当断则断,当硬则硬,太多怜悯只会使得管理者的职权发生模糊。过于丰盛的怜悯之心,是古人所谓的"妇人之仁"。管理者最大的怜悯之心,在于把事业管理好,为组织或者企业的发展负责,从而造福更多的人。

第二周

星期一

识主才辅

凡办大事，以识为主，以才为辅。

——《曾国藩家书·致弟曾国葆》

> 【译文】
> 　　但凡办大事情，要以见识为主心骨，以才干为辅助手段。

笔　记

　　江山代有才人出，真正能够作出非凡成绩的人少之又少。这是为什么呢？难道说社会就偏爱埋没人才？曾国藩给出的答案很耐人回味。他在写给弟弟曾国葆的一封信中指出，办大事的要义何在。

　　曾国藩把一个人拥有的"才能"看成是一个恒定的东西，一股"气"。所谓才气，才能正如气一样摸不着、看不到，但深藏在人才的心胸中，平时毋庸显山露水，但真正遇到事件的时候，如同自然界打雷下雨，才气也是个人生命状态的呈现。

　　这里所谓的"识"，是儒家借用佛教的一个说法。儒家所界定的"识"，并不仅仅是见识、认识、判断，或者知识的意思，而是一个人把握外在的视野、思考、判断和体悟的总和。与"才"不一样，儒家学者认为"识"是一个可以量化和积累的内在品质。"识"的增加有两个途径：一个是通过努力地学习而获得，一个是通过漫长的生活和工作得来。这两个途径都使人的智慧在反复而艰苦的磨砺中增加识量，从而保证人与事的交互成功。

行动指南

　　要做到有"识"，需要有独立思考的能力，得出自己的独特看法；同时，具备敏锐的感觉能力，要积累管理中的问题、危险和机遇的敏锐感。从理性和感性的两个层面作出努力，每一管理者都能成为优秀的"有识之士"，办好大事，干出优秀的业绩来。

星期二

谨言为先

凡事不苟，尤以谨言为先。

——《曾国藩家书·致侄曾岳崧》

【译文】

任何事情都不能随随便便地对待，尤其说话要谨慎。

笔 记

曾国藩有个弟弟名叫曾国华，紧随着他一起统领湘军，在对太平天国的作战中出生入死，是曾国藩最为喜欢的弟弟。可惜曾国华没有等得到湘军攻陷天京，就和曾国藩麾下的大将李续宾一起战死在三河镇。曾国华的儿子曾岳崧长大后立志成就一番事业。曾国藩因此教导自己的侄儿："一定要在敬和慎上下工夫……所谓谨慎，就是任何事情都不能随随便便地对待，第一要务是谨慎说话。"

曾国藩待人待事一直都持小心谨慎的态度，他最反感的是一些人遇事就喜欢说大话，把自己说得无所不能，把任何事情都说成小菜一碟。这甚至是他选拔将领的一个重要标准。早年，他麾下有一个能征善战的将领，叫做王鑫，因为熟读兵书，颇有军事指挥才能，因此常夸口道："给我三千人马，足可以打败太平军。"曾国藩一再提醒他说话要谨慎，甚至不惜对他加以斥责。久而久之，王鑫对曾国藩产生了不满，脱离了他的领导，自己带着一支人马攻打太平军去了。的确，这人也很有战绩，但因为缺乏主力部队的支援和配合，不久，因力不能支战死了。曾国藩深为痛惜，并经常引以为戒。

行动指南

　　一言能成事，一言能败事，周密思考，谨慎说话。对于未来，为鼓舞士气，要充满信心地说，但忌太满，事务都是环节性地推进的，千万不能说出一劳永逸之类的许诺。

星期三
不执不阿

　　从人可羞，刚愎自用可恶。

——《曾国藩日记·论不偏不倚》

【译文】
　　随便地顺从别人是羞耻的，总是自以为是就非常令人讨厌了。

笔　记

　　曾国藩说："从人可羞，刚愎自用可恶。不执不阿，是为中道。寻常不见得，能立于波流风靡之中，最为雅操。"在此，曾国藩推崇不执不阿的"中道"，即既不偏执，也不阿谀无定。能看到寻常人等不能看到的，在风波动荡中立稳了，是最好的操守。

　　曾国藩是那种原则性和灵活性高度统一的人，特别是他在家休养期间，体悟了所谓的"黄老之道"，慢慢领略了"以柔克刚"的道理。再度出山，他一改自己以往过于强硬的作风，分别拜访了湖南湖北的大小官员，希望他们能够支持湘军的发展。甚至连长沙、湘乡知县这样一级的官吏，都亲自拜访到了。这种低姿态，赢得了两湖官员的支持。曾国藩也更深刻地认识到，自己以前不仅仅是太直率，而且直率得有点傲气。这是最讨人嫌的地方，也越发认识到"守中道"，与以柔克刚的奥妙所在。

行动指南

管理者重担在肩,要时刻保证自己独立思考的能力,随随便便地听从各种议论,拿不定主意,这是对事业的失责。而固执己见,则是对事业的梗阻,也是不负责任的表现。所以,奉行"中庸",恰到好处,是管理者管理事业的高超艺术所在。

星期四
不受非分

受非分之情,恐办非分之事。

——《曾国藩日记·论坚持操守》

【译文】
若接受别人非分的情惠,恐怕就不得不办非分的事情了。

笔 记

曾国藩早年给自己立下了二十多条做人的规矩,有一点就是不受人小便宜,因为"受非分之情,恐怕要办非分之事"。

曾国藩对操办大事胸有成竹,对细节也非常仔细。相传,他的弟弟曾国荃攻下了江西吉州(正是宋代名臣欧阳修的老家),当地有人慑于曾国荃的暴权,献给他一部极其珍贵的《欧阳文忠公文集》。曾国荃知道曾国藩爱读书。爱读书人或许不爱金银财宝、但对于珍本的图书一定是爱不释手的,就把这书送给了自己的大哥。曾国藩果然爱不释手,但仍然细心查问了一下书的来历,知道此书来自非分之途后,立即要曾国荃把书退回去。

曾国藩这句话最核心的地方在于"非分"二字。什么是分内,什么是非分,我们很多人都不能很好地区分清楚。见有小便宜,不占白不占,就是非分;自己努力所得,即便是敝帚,也要自珍,这是分内。

行动指南

警惕"非分"二字，就是要警惕自己过于膨胀的欲望。受非分之情，染指非分之物，聚敛非分之财，行驶非分之权，都会是自己事业中途败落的暗箭杀手。走正道，行坦途，对那些非分的东西敬而远之。

星期五
不坠聪明

为人不可过于聪明。

——《曾国藩家书·致子曾纪泽书》

【译文】
为人不能够太过聪明了。

笔 记

告诫家人或者部属做人不要太聪明，是曾国藩老生常谈的话。他一生打过交道的，过于聪明的人很多，其中最为显赫的，莫过于执政的恭亲王奕䜣。他对奕䜣的评价就是过于聪明，却不堪大力。

奕䜣是咸丰皇帝的弟弟，天资聪颖，早年道光皇帝很喜欢这个聪明伶俐的皇子，有立他为君的打算。据说，一次狩猎，道光皇帝带着咸丰和奕䜣一起打猎。奕䜣聪明勇武，很快就捕猎了大量的小动物，皇家的卫队都为他叫好。但咸丰却是两手空空而归。道光皇帝就问缘由，咸丰说，现在是春天，很多小动物刚刚才长大，实在不忍心射杀。这一说触动了道光皇帝，就抱定立咸丰为君的念头了。

到了辛酉政变后，奕䜣成为两宫太后、特别是慈禧太后最为信赖的权臣。他在处理外交事务上，表现出了相当的灵活机智，极力避免触怒西方列强，从而签订了一系列丧权辱国条约。但奕䜣太过于聪明，内心想法来得迅速，却也多变，这对国家治理来说并没有什么大用。反而因为这种变化多端，贻误了对国家发展大政方略的谨慎、严肃、全面的思考。在日后的洋务运动中,奕訢立场模糊不定,遇事全凭聪明的直觉去把握,失去了一个又一个可以挽回清政府命运的良好时机。

　　管理者需要聪明,需要的是那种聪明之上的更聪明,一种管理的智慧。这种智慧不能被实践的投机主义所遮蔽,要花大工夫、吃大苦头,在反复的试错中磨炼出绝对成功的信心和能力。

星期一

有难先担

有难先由己当,有功先让人享。

——《曾国藩家书·咸丰十年致曾国荃》

【译文】

　　有困难先由自己来担当,有功劳先让别人受有。

笔 记

　　湘军进入江苏后,曾国荃围攻天京久攻不下。李鸿章、左宗棠等人已经扫清了太平天国军在苏州、常州、杭州等外围地区的势力,也非常想进军金陵,一边襄助曾国荃,一边分享攻陷太平天国的荣耀。曾国荃绝不愿意有人染指他的功劳,但他深陷于太平天国忠王李秀成的反攻。李鸿章下手最快,派出了白齐文率领洋枪队赶赴天京城外支援。在这种情况下,曾国荃一面驱逐了白齐文,一面鼓动湘军人马加紧攻打天京。

　　曾国藩非常不喜欢曾国荃的这种态度,写信给弟弟,告诫他不能独自染指大功。曾国荃不听劝告,几乎是豁出命去攻打天京,要独吞果实。曾国藩怕弟弟得罪人太多,就使了一计,要求湘军和李鸿章的淮军平均分饷。由于淮军饷银充足,发放及时,湘军已经缺饷多时。精明的李鸿章当然不接受这个大包袱,就收住了援助的军队,按兵不动。不久,曾国荃用挖地道的办法,冒险攻破了千疮百孔的天京。

　　以后表功,曾国藩采取低调的态度,把官文、李鸿章、左宗棠等人列在第一位,而自己和弟弟曾国荃则排在末流。曾国荃不服气,曾国藩就说乱世之中能取得这样的功劳已经很侥幸了。大功如果独享,反而更容易招来杀身之祸。

行动指南

得胜不居功,对管理者而言,可以避免很多麻烦。因为工作实绩是死的,究竟谁取得功劳,组织中人人心中有杆明白的秤。居功自傲,于事实无补也无损,反而更容易给自己带来麻烦。

星期二

任劳己责

论功则推以让人,任劳则引为己责。

——《曾国藩文集·挺经》

> **【译文】**
> 谈论功劳就推让给别人,忍受劳苦就视为自己的责任。

笔 记

曾国藩的思想谱系中,做事方面,一直强调所谓的"挺"字诀。遇事能挺,能撑得住,承担得住压力和困难,这是他一直津津乐道的气度。但在做人方面,曾国藩却很推崇"让"字诀,获得功劳善于让给别人,而压力则自己勇于承担。

自曾国藩起兵与太平天国作战以后,他与清政府朝廷之间沟通最多的,是上奏折奏请保举自己有功劳的部下或者友军统领加官晋爵。凭借着曾国藩的战功和他在朝廷上的威望,皇帝对他的奏请几乎是有奏必准。就这样,在他的保举下,好多的功臣担任起了一省的巡抚、或者多省的总督职务,甚至有布衣出身,连升数级达到一二品大员的情况出现,如杨斌岳等。在湘军进攻江西前夕,由于曾国藩的保举,他的很多门生、下属、朋友都当到了管辖一方的督抚高职,但他却连一点地方性的实权都没有,处处受困。

"功推他人,责引自身",曾国藩完全按照自己所说的那样去做,这点可以让所有的读史者们心服口服。

行动指南

不论是在政府、还是在企事业部门中，员工对领导或者上司抱怨最大的，就是很多人担任领导，习惯性地将好处统统揽为自己所得，而将责任全部推给下属。对于这样的管理者需注意：恪守各自本分，不与下属或者员工争功，不与下属或者员工争利，勇于承担责任。

星期三
不随众喜惧

不随众从之喜惧为喜惧。

——《曾国藩日记·论镇定自若》

【译文】
不跟随着众人的欢喜、害怕而欢喜、害怕。

笔 记

曾国藩的对手是洪秀全所率领的太平天国。当初，洪秀全在广西大量传播似是而非的基督教思想，充分利用广大民众对清政府腐败统治的不满，利用整个中华民族内忧外患之机，发动金田起义，聚集了大量的失地农民，掀动了中国历史上最大规模的农民起义。作为"拜上帝会"的"教主"，洪秀全在早期能够以身作则，艰苦奋斗；但到中后期，进驻到南京以后，变得贪图享受，广建宫殿，广纳妻妾，完全成为了一个比清政府当权者还要腐败的统治者。

而曾国藩正相反，容闳说他像埃菲尔山（即珠穆朗玛峰）一样巍峨，完全是一个独立自主的读书人。曾国藩不容易被舆论左右，无论在长沙乱世用重典，还是办天津教案，都能以自己的理见去处理事态。这种"不随众从之喜惧为喜惧"的心态，也是他成事的一个条件。

行动指南

管理者要有定性、有定见,面对组织或者企业的事务,要有着过硬的心理素质。如果一项决策,轻易被摇摆不定的情绪或者流言所左右,那么将一事无成。

星期四

脚踏实地

脚踏实地,不敢一毫欺人。

——《曾国藩家书·致诸弟书》

【译文】

　　脚踏实地,不敢有一点欺骗别人的言行。

笔 记

　　说到曾国藩的"务实",不能不提到整个清代学术对他的影响。全清一代,一改明代学风的"六经注我"的疏狂气,注重严格的考证,是所谓"朴学"。朴学的代表人物为高邮的王念之、王引孙,乾隆、嘉庆时代的人。这一代清朝学人,都非是那种天资卓越的人物,而都是一些老老实实的读书人。他们未必能飞黄腾达,但对于整个中国传统的学术,采取认真考证、训诂的态度,这一点非常值得赞许。在这种风气影响下,即使像阮元这样身居湖广总督高位的官员学者,也不以身贵而轻慢道统,采取认认真真、实实在在做学问的态度。

　　从这种学术态度出发,曾国藩做事也非常注重脚踏实地,不会动辄口出大言、狂言来惊世骇俗。他编练好了五千湘军之后,很多人都觉得他的军队已经很强大了,可以出征了。话传到咸丰皇帝耳朵里,皇帝就迫不及待地下诏书,要他立即出兵攻打太平天国。这样的诏书一连下了三道。但曾国藩硬着头皮抗旨,给皇帝回了三道奏折,称自己的湘勇力量实在是太微薄,草率出击,无疑是以卵击石。曾国藩本着实事求是的态度,坚决不动一兵一卒,一直等待太平军的大股主力回南京聚集之后才出兵。这种惟实的勇气是惊人的。

行动指南

欺人的成本是大的，代价也是大的，管理者要坚信诚信是所有原则中成本最低、收效最佳的一种工作态度。

星期五
日事强恕

一日强恕，日日强恕，一事强恕，事事强恕。

——《曾国藩家书》

【译文】

一天强调自己恕，那么天天就会强调恕，一事强调自己恕，那么事事就会强调自己恕。

笔 记

前面说到曾国藩非常强调一个"恕"道，也就是强调一个宽广的心胸。不过，这种心胸宽广并非天生的，而是需要百般锤炼才能获得。所以，他说要日日强恕，事事强恕。

曾国藩是一个典型的读书人，读书人身为"主公"，与历史上翻手为云、覆手为雨的帝王（如刘邦、朱元璋等枭雄）相比，少了些反复无常的权谋态度，多了些宽厚与坚定不移的原则性。无论是与左宗棠、李鸿章相待，还是与赵烈文、容闳相处，曾国藩的读书人秉性，少了很多"宁我负天下，不让天下负我"的霸气，多了很多以文谋事，以文治天下的从容。他是一个不以篡取政权为目的的领兵统帅，更注重把孔孟礼教贯彻到真实的行动中。

左宗棠在曾国藩复出后拜访他时，曾经得意洋洋地和曾国藩谈论到用兵问题。他看不起曾国藩用兵的迟钝和笨拙，认为曾国藩步步为营的战略太没看点。

他说:"兵者,诡道,重奇不重正。涤生老实本分,非用兵之奇才。"曾国藩也谦虚地承认自己这点。但就是这位得意洋洋、自我感觉良好的左宗棠,不久后陷入一场几乎让自己送命的官司中,幸赖曾国藩、胡林翼、骆秉章等人极力保举、营救才得以幸免于难。这种跌宕起伏,可以说是一个非常值得引以为戒的教训。不过,左宗棠终还是没有吸取到曾国藩"恕"的真谛,晚年陷入和李鸿章无休止的意气争端中,最终落得郁郁而终。

行动指南

练就"恕"道,名可谓是为管理者造就在组织内的容忍力,实则是对管理者自身的提高和保护。凡事都要在内在和外在之间着力,太烈了,就算成功,也会内外有伤。而一个"恕"字,缓和了内外,可以说是管理者护身护心护事业这"三护"的良方。

无实名招祸

无实而享大名者必有奇祸。

——《曾国藩家书·致九弟曾国荃》

【译文】

没有实干却享受着最大的名誉一定会招来大祸灾。

笔 记

曾国藩本人一贯以处世低调而传名,绝非那种沽名钓誉之人,且对浮名充满着警惕。他是一个注重实际的人,对那些名大于实的人绝对不用,同样,对那些名声不好的人也不用。王闿运也是湖南人,主修所谓"帝王之学",自负读书功夫了得。他一心想劝说曾国藩高升一步,问鼎天下,前后三次要投奔曾国藩的门下。曾国藩也很早就听说他的大名,每次王闿运求见,曾国藩都不推脱,都兴致勃勃地与他交流。每次交流,王闿运都表明心志,期望能辅助曾国藩成大业。每到这个节点,曾国藩都礼貌地逐客。曾国藩以为像王闿运这样的人无宰辅之实,却大谈最高权力,狂妄到了极点,必定是个祸端。事实上,后来王闿运投靠了肃顺,并对肃顺产生了很多影响。肃顺招受败亡的祸端,与王闿运不无关系。

现代的传媒业和娱乐业都很发达,制造了大批的"媒体英雄"和"舆论英雄",也容易让管理者陷入追逐虚名的漩涡中,这方面的前车之鉴实在是太多了。

行动指南

不要刻意去追求什么"大名",那是一把双刃剑,更是一剂慢性毒药。好好干事业,无论名大名小,都安之若素。

星期二

仁义自强

倚仁义不贫不贱不弱不拙。

——《曾国藩家书·致诸弟书》

【译文】
　　倚靠着仁义,不贫穷,不低贱,不屈弱,不呆拙。

笔　记

　　曾国藩反复强调,男儿须有倔强之气,须有自立之志。也因此,他极力反对那种万事没开端,就把一腔希望寄托在别人身上的态度。曾国藩提出:"倚富者贫,倚贵者贱,倚强者弱,倚巧者拙。倚仁义不贫不贱不弱不拙。"

　　他看来,那些全心仰仗别人的人,相对于仰仗者而言是十足的弱者。只有自立门户,自开乾坤,自创天地,哪怕势单力薄,也是强者,也是英雄。因此,曾国藩经常教育子女要全力以赴,要靠自己的努力去打拼。曾国藩的两个儿子曾纪泽、曾纪鸿,身为大帅子弟、侯门公子,家教极严。其中有一点,非常突出,就是无论二人科举事业如何不顺,曾国藩既不为他们打招呼,也不允许他们给考官递条子,透口风,说自己是曾侯的儿子。而曾纪泽、曾纪鸿二子,也很争气,严格按父亲的教诲去办。科举虽不顺,但绝不滥行半分公权。曾纪泽后来成为杰出的外交家,而曾纪鸿则成为优秀的数学家。

　　现代社会注重分工与合作,良好的团队协作能力,是现代管理者一个重要的素质。但倚人不倚志,在合作中,一定要牢牢掌控好自己的管理目标,巧借力,推动自己事业的发展。

行动指南

　　时刻强化管理的自主意识,在与他人合作的过程中,推进事业的进步。避免对某一方面事务,采取全盘委托、倚靠的态度,无论是人、财或物,都不能视为目标的惟一决定因素。

星期三

恬淡安泊

恬淡安泊，无他妄念。

——《曾国藩家书·致弟书》

【译文】

恬然、淡然、安然、泊然，没有其他过分的欲念。

笔 记

曾国藩曾说："淡泊二字最好，淡，恬淡也；泊，安泊也。恬淡安泊，无他妄念也。此心多少快活！而趋炎附势，蝇头微利，则心智日益蹉跎也。"

曾国藩早年发扬了姚鼐等清代桐城派主义理、辞章、考据的学术风格，还另外特增加了一个项目："经济"。他所谓的"经济"二字，是经世济事的意思，就是要在文章之外，谋划治理国家和公共事务的能力。他一生主张实用，实干，脚踏实地。李鸿章的父亲李文安与曾国藩是同一年考中进士的。在古代，这种关系称为"同年"。同年的关系要比一般的同窗关系更佳，因此，李文安就把李鸿章托付给曾国藩，学的就是"经济"一科。但到了晚年，曾国藩对经济的热衷却淡了很多。晚年的曾国藩非常爱读《庄子》，非常推崇《庄子》里所表达出来的那种自由遨游的感觉，认识到人生之有限，而生命最高的境界在于事功之后美的超脱境界。

也因此，他越活越淡泊。按照咸丰皇帝的遗言"攻克金陵首功者王"，曾国藩立下这一功，清廷理应给他封王。但他只被封得了一等忠勇侯，也就是一个侯爵。距离"王"位，还差一个公爵。曾国荃为此愤愤不平，曾国藩不以为然，他说太平天国王者很多，但无一人得保善终。也因此，当问鼎天下的可能就在他手掌心里轻易可得之时，他淡淡地放弃了。

行动指南

当管理者事业做得很深入，并取得一定成绩时，应该注重淡泊一点，冷一冷，静一静，以旁观者的心态审视一下，然后才会赢得更大的发展时间与空间。

星期四

心安为福

心安为福,心劳为祸。

——曾国藩祖父曾星冈家训

【译文】
内心安定是福气,内心烦劳是祸端。

笔 记

曾国藩是个农家子弟,而且是个很标准的农家子弟,干过农活,做过农务。以后当了官做事,说出来的话,做出的事都是本本分分的。

曾国藩的祖父曾星冈也是个传统的读书人,屡试不第,却没有什么怨言。与迂腐的书生不一样,这位老先生力行农耕,持家营生很认真、很努力,也很有成效。曾国藩的父亲曾麟书也是如此,虽然屡试不第,但仍保持着耕读传家。祖、父两辈把曾家的基业打得很牢,有了一定的田地和家业,虽然远远谈不上富裕,但足够保障曾国藩能够少一点涉足农活,有充裕的时间读书求学。这不是最重要的,最重要的是,祖、父两辈留下了很多治家的训诫,这足以成为后代做人做事的标准。曾国藩做官发达之后,祖父曾星冈还手撰一联道:"三代同堂,此中福老翁已尽享;治国安邦,这些事孙辈去操劳。"曾国藩从这样一位严格遵行儒家道德的老祖父身上学到了很多东西,所以有"心安为福,心劳为祸"的体悟。

管理者要把管理变成一项快乐的事业,"心安"其中,得福其中。要求心安,无非是大政要正,做事有常,战略性的问题要稳妥,高远地看待和解决,日常性工作要细致严格。尽最大可能减少非常态的工作,避免出现疲于应付或者铤而走险的状况。

行动指南

管理者要身心健康,比较起具体的事务,管理者本人才是组织或者企业最大的财富。身体健康,就要注重养身保健。内心健康,就要有良好的心理状态,就是要"心安",心态平和、情绪稳定、心胸开阔、家庭稳定和睦、组织或者企业文化氛围浓郁,这些都是心安的条件。关键就在于:管理者能够用心去努力营造一个心安的环境。

星期五
能勤能敬

一身能勤能敬,虽愚人亦有贤智风味。

——《曾国藩家书·致子纪泽、纪鸿》

【译文】
能够勤奋,能够心存敬畏,即使是愚笨的人也会慢慢有圣贤智者的风度。

笔 记

曾国藩有关修身养性的话说得很多,核心总离不开一个"勤"字。曾国藩成名之后,对自己的日常要求写下这样的时间安排:"上半日:见客,审貌听言,作折核保单,点名看操,写亲笔信,看书,习字;下半日:阅本日文件,改信稿,核批札稿,查记银账目;夜间:温诗、古文,核批札稿,查应奏事目。"

即便当上两江总督这样的高官,他每天也把自己的工作表安排得满满的:"大约吏事、军事、饷事、文事,每日须以精心殚力,独造幽奥,直凑单微,以求进境。一日无进境,则日日退矣。以后每日留心吏事,须从勤见僚属、多问外事下手;留心军事,须从教训将领、屡阅操练下手;留心饷事,须从慎择卡员、比较人数下手;留心文事,须从恬吟声调、广徽古训下手。每日午前于吏事、军事加意;午后于饷事加意;灯后于文事加意。以一缕精心,运用于幽微之境,纵不日进,或可免于退乎?"可以看出,他从早到晚都做了仔细的安排,几乎没有一点儿纯粹是休息或者娱乐的安排。一个人能够做到这一点,恐怕只有把枯燥的工作当成一种快乐的事业吧。

行动指南

管理事业要从管理好自己的时间入手，这是每一个人所凭依的第一手资源。严格制定自己的工作时间表，并严格规范好自己在时间表之内的工作，把经验推广到整个组织内部，形成组织的"生物钟"，让组织整体像一个"圣贤"一样把事业向前推进。

致胜，补天塞河

第一周

惟恐不胜

不怕打不着，只怕打不胜。

——《曾国藩家书·咸丰九年致曾国荃》

【译文】

不害怕没有打击到敌人，就害怕没有一点点胜过敌人。

笔　记

无论哪家的军事思想，都统一于一个价值核心——取胜。曾国藩也不例外，曾国藩对"胜"也很用心在研究。

他曾经拿围棋比喻兵法："善弈棋者，常于棋劫急之时，一面自救，一面破敌，往往因病成研，转败为功。善用兵则亦然。"他率领弱小的湘军，只有走"一面自救，一面破敌"的路子，以自保生存为第一要义，在成长中克服自我的弱点，才能稳妥地发展壮大，慢慢积累了对敌的优势。那种"杀敌一万，自毁九千"的胜利，是曾国藩最不想要的。为此，曾国藩不惜自己编撰了《扎营之规》、《行军之规》等稳保自己军队生存安全的规定，教导士兵们如何安全扎营、如何稳妥进军等。而在他家书和公文中常看到的是对胡林翼、萧启江等稳胜之将的称赞，和对曾国荃、李鸿章等冒进举动的告诫。即使到了晚年"剿捻"的战争中，他也亲笔写信反驳过尹杏农"兵贵神速"的建议。

行动指南

胜别人和赢别人不一样。胜别人要的是绝对的实力，赢则带有运气等机巧、偶然成分。曾国藩所追求的"胜"，是实力上的绝对压倒，是获得成长后、不可阻挡的必胜气势。求胜不求赢，管理者的事业目标在此。

星 期 二

成事五到

身到、心到、眼到、手到、口到。

——《曾国藩文集·勤训练以御寇》

【译文】

自身到位，心思到位，审查到位，操作到位，言辞到位。

笔 记

曾国藩的"五到"之说是大家耳熟能详的。很多人在学习、工作和管理实践中，都希望能做到他说的这几项。曾国藩为此做了一个解释：

"身到，如战事中，无论行军布阵、无论交战开火，枪林弹雨，主帅都要亲自到场；心到，一些事务没有完成，平时要牵挂在心，无论吃饭走路，稍有空，就要拿出来揣摩；眼到，就是自己不明了的细节，一定要亲自观察应验，如同官员审案，尸体检查、犯罪现场，每一处都要仔细查看，不能有遗漏；手到，是欲望成就一项目标，就要反复地上手去处理，不能听之任之，碰运气；口到，就是交代事项，要不厌其烦，叮咛嘱咐，不怕烦，就怕一些关键点说不到。"

行动指南

曾国藩的这"五到"之说，可以成为每一个管理者做事的准绳。凡面对各种事务，一旦进展不顺利，就应该反思这"五到"中有哪一点没有到位。往往有一项，或者两三项没到位的，就是问题出现的漏洞点，应以谨慎的态度防微杜渐。

星期三

天机临泊

险也、奇也,天然之机澹泊于临时者也。

——《曾国藩家书·致友胡林翼》

【译文】

　　险胜、奇胜,天然的机缘停泊在稍纵即逝当中。

笔　记

　　面对着世事的变化莫测,中国古人的思考非常深邃,并因此提出了著名的"奇正"之说。在军事思想上,老子有"用兵尚奇"说,孙子有"奇正互化"说,李靖有"奇正互依"说。曾国藩则在融合百家的基础上,提出自己的"立奇于正"说。

　　他在写给好友胡林翼的信中这样解释自己的看法:"如果手头不是掌握着平时最稳健的军队,绝不会轻易用险招;如果不是平时以最平正的办法行事,绝不会轻易用奇谋。稳妥和平正,是人的努力用于平时的锻炼中了;而险胜、奇胜,是天然的机缘停泊在稍纵即逝当中了。"

　　这种"重正不重奇"的思想,正是孔子"不走捷径"思想的一个历史回应。正如曾国藩自己所解释的,比起用险招和奇兵,他更注重训练一支素质过硬的军队。他把自己主要的精力投入对湘军的训练之中,形成了从人员招募至作战训练到思想教育的一整套的练兵方略。

　　这种平时的严格训练,使得湘军与弛于训练的清政府绿营兵、八旗兵形成了鲜明对比。清政府军队在占据绝对优势的情况下,建立江南、江北两大营,企图用奇兵夹击太平军。然而,两座大营终是屡屡为太平军所破,没有发挥出一点作用,从而成为军事上的笑柄。

行动指南

　　管理者要把员工培训放到和工作同等重要的位置上。没有人是天生能完美地干好事情的,按照战略目标要求,对员工施加培训,将更好地促成目标的实现。

星期四

菩萨心肠

行霹雳手段,方先菩萨心肠。

——《曾国藩文集·曾国藩名联》

【译文】

使用雷霆霹雳一样的手段,一定要先有菩萨般仁慈的心肠。

笔　记

1859 年,在曾国藩的总调度、曾国荃的亲自指挥之下,湘军兵分四路攻陷了太平天国英王陈玉成所驻的安庆城。这一仗打得甚是艰苦,守卫安庆的太平天国主将叶芸来,在陈玉成的受命下,采用"守坚不守险"的堡垒防御战术,对阵曾国藩的湘军所擅长的"稳打稳扎,步步为营",使得湘军推进得非常之艰难。曾国荃这员悍将,几乎豁出了老命猛攻安庆:采取了收买、分化等各种阴谋手段,付出了极其惨重的伤亡代价,前后花了四十多天,死伤将士无数,才攻陷了安庆。

安庆城沦陷后,杀红了眼的湘军士兵,见人就砍,逢人便杀,一连多日,湘军烧杀抢掠,无恶不作。安庆本是安徽省的府治所在,也算一个繁华城市,遭此浩劫,被破坏得面目全非。曾国荃本是一个心狠手辣的人,等他到安庆城内检视一圈后,见到了尸山血海,也被吓软了,害了抑郁症,久久不能平息,甚至有身退回乡的打算。胡林翼知道了这一情况,给曾国荃送来一副对联"用菩萨心肠,行霹雳手段",以此来宽慰他。曾国藩非常赞赏此联,但他还是做了改动,指出:"行霹雳手段,方先菩萨心肠。"就是强调,一定要先有一颗菩萨般仁慈、厚爱、悲悯的心肠,才能去行霹雳手段。

行动指南

管理者的"菩萨心肠"是责任感,是对共同事业和利益维护的责任感。而"霹雳手段"则是推行管理制度的信心和毅力。正是有了这种责任感,才可以生出使用"霹雳手段"的决心,而所有情绪化的宣泄都需要警惕、纠正。

星期五

容人余地

凡事留余地,雅量能容人。

——《曾国藩家书·致诸弟书》

【译文】

做事情要留有余地,怀有雅量容忍别人的小过失。

笔 记

曾国藩的大度量是人所共知的。且无论说他在和沈葆桢、左宗棠之间的纷争中表现出的气度,就是对身边一般的仆人,曾国藩也能以平和宽容之心待之。在此,可以说一个他"没度量"的事。

曾国藩坐镇祁门时,由心腹部将李元度把守徽州。李元度冒然出战,使得徽州尽失,从而又使得祁门陷入了重重的合围之中,曾国藩生死悬于一线。后来,鲍超解了祁门一围。曾国藩要上书弹劾李元度这位跟随着自己出生入死的老兄弟,麾下的幕僚纷纷劝解他,希望他能放过李元度。李鸿章言辞特别恳切:"如果此时弹劾李元度,我们这些跟随老师的人恐怕心都会寒的。我首先就会告辞。"曾国藩坚持按章办事,同时赶走了李鸿章。

同僚们很同情李元度和李鸿章,但也深为曾国藩的严谨认真折服。而事实上,曾国藩做事却是非常留有余地的,他弹劾了李元度,一则申明湘军的法纪,二则自求惩罚,防止朝廷里的反对派借机要求皇帝对李元度施加更坏的惩罚。他逼走了李鸿章,则是觉得他在自己身边锻炼得已足够成熟,可以自己出去干一番事业了。事实上,李鸿章离开曾国藩后,就立即创办了淮军,果然成为曾国藩的另一个重要依靠。

行动指南

　　凡事留余地,和有容人的雅量,都不是建立在那种"好好先生"的和事佬态度上的,而是建立在高超的智慧之上的。拥有站得更高、看得更远的管理智慧,就能不断拓宽自己的心胸,使自己拥有更高的管理境界。

第二周

星期一

知足天地宽

知足天地宽。

——《曾国藩家书·致父母及诸弟书》

【译文】

知足天宽地阔。

笔 记

这是曾国藩一直津津乐道的一句名言，也是中华民族的一个古训。曾国藩个人生活很简朴，他每餐只吃一道菜，一件衣服能穿三十年还崭新如故。他早年有抽烟的习惯，自陈道："三十岁前最好吃烟，片刻不离"，有一天反省自己，狠狠地把烟锅子砸掉了，戒掉了烟。即便是这样，他还责备自己："盖周身皆私意私欲缠扰矣，尚何以自拔哉！立志今年自新，重起炉也，痛与血战一番。而半月以来，暴弃一至此，何以为人！"

当然，这样的人生态度实在是太累人了，自我监督得有点过了头。不过也正是因为这样，曾国藩承受得了常人难以承受的国事压力。化解这种压力，曾国藩选择了"豁达"二字，他对苏轼非常推崇，就是因为苏轼身上有一种宽阔的豁达。曾国藩一生清廉，人到中年甚至还被债务所困扰。不过到了晚年，由于他的官爵和品衔很高，薪水自然高，生活花销又节俭，竟省下了一万八千两银子。他写给家人的信中说，就准备用这一万八千两银子作为自己的养老金，觉得能保全身而退，还能攒下这么一大笔钱，感到非常高兴。事实上，这笔养老金直到曾国藩临终也没有花掉一文。

行动指南

管理者应培养出一种豁达、知足、乐天的心胸来，这将大有裨益于自己的身心和健康。知足者常乐。

星期二

战兢坦荡

战战兢兢，即生时不忘地狱；坦坦荡荡，虽逆境亦畅天怀。

——《曾国藩文集·致胡林翼名联》

【译文】

小心翼翼，即使活着也不要忘了地狱的存在；坦坦荡荡，就算在逆境中也能敞开胸怀。

笔 记

曾国藩是撰联高手，这副对联是他撰写应答胡林翼的，在于告诫自己心中要有畏，既要时时做到心存"忧患"，又能在真正的困难到来的时候，以良好的心态去面对。

曾国藩任两江总督时，当时的山东巡抚丁宝桢是与李鸿章协作的湘军系将领出身。丁宝桢为人正直、刚毅，是督抚一级中难得一遇的优秀人才。他任山东巡抚的时候，朝廷中为慈禧太后所宠信的太监安德海，借着给同治皇帝采办龙袍的名义，大张旗鼓地出宫巡游。丁宝桢果断地在山东境内扣住了耀武扬威的安德海，并顶着慈禧太后赦免其死罪的压力，将他斩杀了。举国震惊。因安德海是慈禧的宠信，慈禧得知后果然震怒，但也不好明说，就发了一道函，称"报送曾国藩等知晓"，实际上是请曾国藩裁判。曾国藩明知慈禧希望自己能为她挽回一点颜面，但还直接奏陈祖制"内侍不得出宫"，认为丁宝桢此举做得好。重臣发言，慈禧也就无话可说了，不但不和丁宝桢计较，还调任他为四川总督。同样的事，曾国藩在日记记载说"丁宝桢做了一件非常好的事,大快人心"。足可见,他所做的,正是他所想的,坦荡之人,绝不玩虚的。

行动指南

管理者内心一定要有这股子气概,即"战战兢兢"和"坦坦荡荡"交替存在的气概,使得自己既能时刻保持着警觉,又能以豁达的心胸面对困境。

星期三
领袖风范

轻财足以聚人,律己足以服人,量宽足以得人,身先足以率人。

—— 明·陈继儒《小窗幽记集醒》

> 【译文】
> 轻财足可以用来聚集人才,严格自律足可以使别人信服,宽宏大量可以获得别人的心,奋勇表率可以领导别人。

笔记

曾国藩这番话,几乎概括了领导伦理的全部要点:轻财就是清廉,廉洁自律自然可以凝聚人心;宽宏大量可以营造一个宽松的人际空间,以身作则可以以行动作为表率。

曾国藩这么说,有些人未必认可。蒙古亲王僧格林沁就曾跟两宫太后说过,曾国藩这个人非常虚伪,他的确很清廉,但他的弟弟曾国荃却视财如命,弄走了大量金银回家修房子买地,曾国藩表面劝阻,行动上却默许,事实上自己也跟着捞好处。

僧格林沁的确误解了曾国藩,他的弟弟曾国荃、曾国潢是修葺了祖宅"黄金堂",但分家后,曾国藩没有从大家族中获取一点好处。曾国藩还拿出自己很多积蓄接济那些战死沙场的湘军家属,最后意欲给自己留一笔两万两的银子养老,至死也没用得完，他希望能留给儿子曾纪泽。但这笔钱却基本上都在他的葬礼上花光了，因为他有遗嘱，死后薄葬，葬礼不收取分文。叔公曾国荃要求曾纪泽看人收钱，像李鸿章、左宗棠、彭玉麟、杨斌岳等亲朋收之无妨。曾纪泽牢记父亲教导，终还是拒绝了叔父的建议，任何人都分文不取，为父亲保全了一世英名。

笔 记

按曾国藩所说的去做，或许很有挑战性。但努力做到了，绝对有助于"人和"，有助于事业的发展，可以成为一个好的管理者。

星期四
楼高易倒

楼高易倒，树高易折。

——《曾国藩家书·致父母及诸弟书》

【译文】
楼高了容易倒塌，树高了容易折断。

笔 记

曾国藩对处理事业发展后的"成长困境"有着自己很周全的思量。他反复与自己的家人提到"楼高易倒，树高易折"的道理，就是担心自己的力量成长得过快，基础不够牢靠，会发生事业中盘崩溃的状况。为此，越是事业发展步入正常化轨道，越是应该小心谨慎地处理自己的发展问题。

曾国藩的这一思想反映在他编练湘军的中途。身为湘军的主帅，他非常明白，自己手下的人才个个都是得力的干将，他们的个人能力在某些方面并不比自己差。因此，他必须做到该放手的时候，就及时放手，该放权的时候，就及时放权。甚至，该让部将自立门户的时候，就让部将自立门户，甚至还要扶植上一段时间。

　　曾国藩初创湘军时,每每带兵出省作战,他都向部属强调团结一致的重要性,坚决打击那些欲自立门户的人。但等到完成了安庆大捷,湘军的气势达到了鼎盛。这时候,他果断地分出兵马扶植李鸿章的淮军和左宗棠的楚军。表面上看,是削弱了湘军的力量。但时局的发展,足以体现他的远见。当他攻下天京后,自裁了湘军的人马,但手里有淮军和楚军的支持。即便是功高盖主,清政府仍然不敢危害他。他也得以凭借门生的力量,放手举办洋务。

行动指南

　　集权和授权,是管理者必须要做好的一门功课。历史事实证明,一个强硬的领导者,在一些危机当口,能强化凝聚力和统一目标,能带领团队顺利地克服困难,抓住机遇。但当领导者过于集权,又会导致组织太过僵化。管理者应该时时强化对专权和专断的警惕,合理地把握组织凝聚力和发展的形势,明智地进行收放权,这样就能成功地避免"楼高易倒,树高易折"的危险。

星期五
誉望宜重

　　誉望一损,远近滋疑。

——《曾国藩家书·致弟国潢、国荃》

【译文】
　　声誉要是有所损失,远远近近的人都会产生怀疑。

笔　记

　　现如今很多人把声誉看得和生命一样重要,一个声名狼藉的人或者组织,在一个诚信的环境中,往往是寸步难行。对于古人,这一点同样成立。
　　曾国藩作为一个读书人是很爱自己的声誉的。相传早年,他因读书需要纸笔钱,自己编织了一大堆的竹篮子到市上买。为了早点脱手,把竹篮价格压得很低,引得同市其他卖竹篮的商人威逼和讥笑。曾国藩自觉有损读书人的形象,索性连一个竹篮都不卖了。到了京城当翰林以后,他的声誉很好,他写的散文、诗歌和奏折都是朝野效仿的母本。但等到他真正操办湘军之后,军事的胜败之间,他遭受的误解、讥笑和指责铺天盖地而来。对此,曾国藩曾经非常痛苦,但慢慢领悟到有关声誉的真谛,反而更能"挺"了。最后,他处理"天津教案",力排"清议"主战的主张,把矛盾最小化处理,显示出"我自岿然不动"的超脱之心。

声誉对于一个人、一个组织来说,可以说是第二生命、第二形象。一旦遭受损失,给个人或者组织引发的负面效应是难以控制的。铸就声誉,要"实"和"名"相结合,有实无名,要加大宣传力度,有名无实,则更要警惕。

行动指南

管理者在名誉荣辱面前,要持有一颗平常心。声誉是虚的、无形的东西,管理者要取得声誉,绝不可从虚的、无形的地方着手,而应加强自己的工作,从实实在在的地方干起,干好了,干出成绩来了,再获取实在的声誉。

第三周

仁者三戒

仁者三戒：多言、易怒、忮求。

——《曾国藩文集·治心经》

> **【译文】**
> 仁者有三个要戒备的：话太多、容易发怒、贪婪嫉妒。

笔 记

曾国藩是很典型的中国传统儒家能臣的代表，能在不声不响中，把很多人解决不了的棘手问题巧妙地解决了，而且不着痕迹，也给自己避免了很多杀身之祸。这全得益于他的深厚修养。通过曾国藩的日记可以了解到，他终生对自己提出"三戒"的要求。

一是戒多言。作为一个满腹经纶的人，曾国藩一度说话滔滔不绝，爱和人争长论短。但他很反感自己这一点，认为言多必失，而且多言误事。这点似乎成了他的一块心病，一生都在不间断地告诫自己少说慎言。

二是戒怒。一个人有很多想法就会有很多判断，当自己的判断与别人相悖，或者被认为是无效的情况下，心理和生理的情绪化很容易导致暴怒。曾国藩早年也非常易怒，但他深知，情绪化很容易导致事业的功败垂成。对此，他时时提醒自己"重新做人"，做到内心圆熟，甚至写了一本《治心经》来纠正自己的易怒性格。即便如此，到了晚年，曾国藩还自省道："二十年来治一怒字，尚未清磨得尽，以是知克己最难。"

三是戒忮求。"忮"就是嫉妒的意思，因"忮而求"，就是过于偏执导致的贪婪无度。曾国藩认为，一个人有理想、抱负，有成事的欲望并不是坏事，但临事太偏执，就会导致对做事比自己好的人产生妒忌，从而滋生一些行恶的意念。

行动指南

不管在日常生活中性格如何，在工作和事业中，领导者必须能做到"慎重言行"，不应轻易地评判、表态，更不能乱发牢骚、对别人横加指责。要注意克制自我的情绪化，少冲动和发怒，避免因情绪导致事态失控。是非成败，抱有端正的心态，不深陷于偏执之中，把自己的事业当成一次赌博。

星期二
结交乡贤

乡间无朋友，实是第一恨事。

——《曾国藩家书·同治三年致曾国潢》

【译文】
乡间没有朋友，实在是第一桩让人痛恨的事情。

笔　记

这是曾国藩平息了太平天国、当上了两江总督后，在写给家人的信中所提到的一句话。他说自己忙于政务军务，整天不是跟官场人士打交道，就是跟自己麾下的将领和庞大的幕僚班子来往，无从体味民生的疾苦。所以，他才由衷地感叹："乡间无朋友，实是第一恨事。"

曾国藩到了晚年是一个非常注重民声与民生的人。他以及他的门生李鸿章都认为，在第二次鸦片战争之后，中国通过对太平天国的镇压，以及利用一大批屈辱的不平等条约，换来的是短暂的一段时间中外的表面友好时机。在这种情况下，迅速致力于中国的富强，时机不可失。这时，了解老百姓真正在想什么，非常重要。曾国藩在率领湘军时，曾利用引退的一年光景，在自己家乡广泛了解民众的想法。而民众巴望改朝换代、新天子大赦天下的心态，令他很是震惊。他进军安徽时,安徽正在战乱、自然灾害中苦苦挣扎,人肉卖到了一百四十钱一斤,这是他亲眼目睹的。他担任直隶总督后,在赴任的路上,经过一家旅店,也看到了有人特意在旅店墙壁上冒死写诗指责他本人"太苛刻"以及时局"民不聊生"。种种的信息,都在向他表明,晚清的民众生活绝对在水深火热之中。这些,曾国藩都了然于胸,而他也因此没有发动争夺清廷政权的战争。

行动指南

一个管理者,不能和本组织普通成员或者本企业的普通员工,建立起良好、真实、有效的沟通关系,应该视为一大憾事。这至少表明,一管理者自身有官僚主义;二管理者不注重收集第一手的真实信息。自我审视,有则速改,无则继续努力。

星期三
不以才能矜

以才自足,以能自矜,则为小人所忌,亦为君子所薄。

——《曾国藩家书·示学致子曾纪泽》

【译文】

以自己的才能而自我满足,以自己的能力而自视甚高,就会被小人所嫉妒,同时也会被君子看不起。

笔 记

曾国藩这段话切切实实地说进了有才能的人的心坎中。因为他所指出的,正是大家常有的毛病。所谓有才能,具体说不过是有一技之长,对于他人有用而已。看透看穿了"才能"这东西,心也就能够放得平正一些了。但很多有才能的人,不能做到心态平正。无限自我放大、自我神话,说穿了,还是骄傲心在作怪。一个"傲"字讨人嫌,无论是小人还是君子。

曾国藩早年也是一个恃才自傲的人。他饱读诗书,而且有知有识,纵然是天资算不上一流,但通过后天努力,其学问、见识和修养已经达到很高的境界了。后人若是根据他日记、信件中的自谦,认为他真的"资质平平",那就太没见识了。曾国藩能凭着自己的散文功力成为道光、咸丰、同治三朝的文坛盟主,如果没有才能,简直不可思议。

曾国藩早年喜欢与人争辩,与人说短论长。他在日记中记录过这样一件事情:某一天晚上他在某位翰林家与一个读书人争辩一个道理,自己争得了上风。第二天,他又被别人邀请去吃饭,席间谈书论文,自己还把前一天说的那套道理搬出来同样说了一遍,还是争得了上风,洋洋自得。后来一反省,觉得自己实在太浅薄了,因为自己这么一点小小的才能,就得意洋洋,实在是一个小人。从此,他开始注意更改自己身上这种以才自足的毛病。

行动指南

才能重在使用,一旦投入到使用中,"以才自足,以能自矜"就没有任何意义了。所以,真的有才华,使用它去成事就行了,不必考虑其他。

星期四
戒骄戒躁

讨人嫌,离不得个骄字。

——《曾国藩家书·示学致子曾纪泽》

【译文】
　最惹人讨厌的,离不开的一个毛病就是骄傲。

笔　记

中华民族反复强调一种美德,就是"谦虚"。但现代人对"慎骄"这一古训理解得并不是很充分。现代人懂得社会行为规范,懂得人与人之间起码的距离感,但对于人真实的内心并不作出判断。现代人认为人需要有内心的隐私。但曾国藩反复强调："主敬则神明。"就是说表面的"谦虚礼让"并不代表着内心的慎骄。一旦内心深处依然不恭不谦，即便是行为上存有礼让，也只是有礼貌而已，并不能真正赢得别人的好感。更重要的是，不能通过与别人的磨合达成认识上的一致性。这对于管理者来说，就失去了赢得组织内部拥护的机会。

管理者要克服的"骄"字，是内心深处的"骄"。学会以最大的平等之心待人，把自己放在比普通员工还要低的位置上，谨慎地学习组织中成员的优点。对别人的话，无论此人是上司还是下属，是高级专家还是普通员工，都要首先放弃"他们也没有干我所干的事，哪能比我懂"的念头，认真地听取意见，加以思考，然后和自己的判断综合起来参照。

行动指南

将骄傲视为自己的头号大敌，时时防备着它吞噬自己的内心，抬高自己的意志，左右自己的情绪。等到内心修养真正通达了，即达到了孔子所谓的"耳顺"的境界，则无需防备，"骄"字自然会远离一个君子。

星期五
德大白人冤

恶莫大于毁人之善，德莫大于白人之冤。

——《曾国藩家书·致子曾纪泽书》

【译文】
过错没有比销毁别人的善心更大的了，品德没有比替别人清白冤屈更美的了。

笔　记

曾国藩在此强调的是在与人的交往过程中，要确立自己的"恶"与"德"。在曾国藩看来，人人都有一颗向善、崇德的心，如果一个管理者不能褒扬别人的善心、肯定别人积极向上的态度、鼓励别人一心向善的努力，那么这样的一个管理者，简直可以被视为大恶之人。在熟读史料的曾国藩看来，历史上曹操、董卓、赵匡胤、成吉思汗、朱元璋等人物，虽善于成事，但却因为强于力争，善于利用别人的欲望、恐惧，不善于发掘别人"匡世济时"的抱负和志愿，因此虽都是强人，却也都是恶人。

下半句话中的洗清别人的冤屈，曾国藩更是乐意为之。在曾国藩一生的履历中，他向朝廷保举、推荐过很多人，同时，也保护过很多人。这恐怕是因为他自己总是蒙受很多的诽谤和冤屈的缘故。曾国藩在担任督抚以上级别大员的时候，掌握着对其他官员评价的大权。曾经多次上书，力保胡林翼、左宗棠、彭玉麟、李鸿章等人，洗清有关他们不实的传闻，这些都是用"陈条密奏"的形式。如果后世档案不披露，大家根本不知道曾国藩是如何煞费苦心，力保功臣清誉的。

行动指南

管理者应该牢记两点，无论情况如何：都要积极鼓励别人的善行、善举、善意和善心，绝不以"明智"为矛头，充当别人正确价值观的"终极杀手"；帮助别人澄清不白之冤，避免一些因经验或者考虑不周而发生的错误。

星期一
庇人者大

能庇人便是大人，受人庇便是小人。

——明·洪应明《菜根谭》

【译文】

能够关照别人的就是大人，总是受人恩惠的就是小人。

笔 记

儒家"君子"和"小人"之说由来已久，但有关什么是"小人"、什么是"大人"，一直比较模糊。曾国藩认为所谓"大人"，就是能够"庇护、照顾"别人的人，小人是那些受着别人"庇护"的人。

说"大人"，是那些无论是精神上、还是行为上都高度自立的人。他们行事完全依赖于自己的努力，任何事情，努力去做，若没有什么结果，就反过来思考自己，这正是曾国藩所谓的"行有不得，反诸求己"。"大人"，即便是涉及需要别人施以援手的事，也绝对操控着大局的发展，把别人的帮助视为一个催化剂，而不是决定性因素。"小人"则不一样，他们不一定缺乏资源、不一定缺乏才能、也不一定缺乏人脉，他们缺乏的是自立、自强、自主的精神。正因为内在之中缺乏了这些，他们显得太过于依赖外界，太不相信自己，若事情办不好，一怪条件不充分，二怪别人不肯帮忙，自己是否用心，是否努力，是否足够地了解事态，是否充满信心都是其外的。"小人"因为其不能自立，而容易自伤，也容易伤害到别人。凡事"受庇"则凡事不能成，"小人"就会永远沦落到阴暗、鄙琐和昏聩的角色之中。

笔 记

管理者的"大人"角色是命中注定的，如不能如此，则无法在位守责。不仅如此，管理者还要让自己领导的人，都成为自立自主的"大人"。若领导着一群"小人"，是绝无成事可能性的。

星期二

当仁不让

甘让君子其志卑，不让小人其量浅。

——《曾国藩文集·治心经》

【译文】
甘于退让君子的人志向卑微，与小人争执不休的人度量小。

笔 记

粗看曾国藩这句话容易引起误解，特别是第一句话，因为"退让"是中国传统的美德，"孔融让梨"作为佳话流传千古，何以"甘让君子其志卑"呢？

曾国藩是主张"明强"的人，在他看来，"强"是美德，强就是要敢争，勇争第一。这是他与以往的大儒相区别的一个明显标志。他主张"倔气"，主张"力而能挺"，主张积极主动地营造竞争、面对竞争。他的这种态度，儒家的经典里没有，也优于当时一般的官员的认识。在古老的奴性以及"成者王侯，败者贼"的意识里，当时部分官员认为，中国打不过西方列强，就要臣服于列强，以割地赔款为条件，换取忍辱偷生。曾国藩的主张，则是立足于东西方平等，通过向西方学习技艺达到自己强的目的。他的这种主张日后演化为严复所推介的"天演论"（进化论）的思想，表现出了重要的时代进步意义。

曾国藩主张的不让君子，就是说要光明正大地和"君子"进行竞争，通过竞争促进自己和"君子"双方的发展。而看到"君子"就甘心让步，退避三舍的态度，无疑说明了自己志向不够远大，不能勇于和强者并驾齐驱。

笔　记

在事业发展上，领导者始终要把握一个"不让君子，宽容小人"的度。与强者光明正大、磊磊落落地竞争，对弱者进行扶植与帮助，这才是真正的"大将风度"。

星期三
义命自安

以义命自安，便不信也。

——《曾国藩家书·致友刘蓉书》

【译文】
按照义理、命运的安排而自我安定，就不信种种（迷信）了。

笔　记

曾国藩的原话是："信算命，信风水，皆妄念所致。读书明理人以义命自安，便不信也。"他这句话说得非常有趣，是针对当时同僚中普遍存在的迷信思想提出来的。

曾国藩对迷信点评得非常好，都是"妄念"所致。所谓的妄念，说白了就是主观上一厢情愿的想法，因为对事实没有足够的了解，就凭自己的想象和臆断对事态进行判断。与曾国藩同时代的洪秀全，就是把西方的基督教变成一种新的天父崇拜迷信，进而获得了一大批盲从者的追随，利用他们对清廷腐朽统治的不满，获得了半壁风雨飘摇中的河山。曾国藩所谓"妄念"，也是一种有感而发吧。"妄念"带来的危害有多大呢？太平天国平息以后，中国总人口由 4 亿骤降至 2 亿不到，直至"同治中兴"辛苦经营了二三十年后，略略才恢复到战前水平。

笔　记

　　领导者越是内心犹豫的时刻，越要表现出镇定和从容。千万不要因为形势急迫而滋生任何妄念，一般应付内部暴发的混乱要比外部引起的混乱，所付出的代价要大得多。这一点，任何领导者都不能不谨慎小心。

星期四
苍天可补

　　苍天可补河可塞，只有好怀不易开。

——《曾国藩文集·诗集》

【译文】
　　苍天可以补起来，河流决堤可以堵塞起来，只是好的心怀不容易打开。

笔　记

　　这是曾国藩作为统帅最后所写的两句诗。那时，他已经是一个老人了，操劳了大半辈子，用他自己的话说，所谓"该操的心早操碎了，该吓的胆早就吓破了"。可能这就是一个合格领导者应有的状态，沧海横流安足虑，到了觉得补天塞河都是小菜一碟的境界时，看待世事已经很从容了。只是回顾一生，曾国藩总是在出生入死，自然觉得好心境非常难得。

　　曾国藩晚年最大的麻烦就是一桩"天津教案"。因为天津城不明事理的民众说西方传教士偷藏婴儿，便闹起事端，杀了几个法国传教士。此事引发了列强的强烈不满，他们给清政府施加压力，要求他们严肃处理。曾国藩担当了这件事的主审，他认为民众不明就里，而天津府、天津道、天津县的三级官员，在事情发生后也不加及时干涉，导致事态越闹越大。他本着自我问责的态度，免除了三级官员，对西方首先做出了让步。西方列强不肯罢休，强烈要求他杀死这三级官员抵罪。这样一闹，全国舆论都认为曾国藩是偏向洋人。曾国藩本意在于用厚德感化洋人,这显然是太天真了一点,而他的儿子曾纪泽、门生李鸿章、好友郭嵩焘都写信劝告他:"不能对洋人太老实,要知道讨价还价。"曾国藩却最不谙此道,听任舆论朝着自己不利的方向发展,以衰老之年,承担着整个民族的骂名。

笔 记

管理者作为组织中的精英,要承担的责任和压力非是普通员工所能想象的,而正是压力和应对事务的能力才能造就领导者不凡的心胸。达到"苍天可补河可塞"的事功,才是领导的高端境界。

星期五
长远家规

不恃一时之官爵,而恃长远之家规。

——《曾国藩家书·致诸弟书》

【译文】
不是依靠一时代人的官爵,而是依靠长远的家规。

笔 记

曾国藩所流传的学问,就是他的家书,这足可见他治家的成效是非常显著的。早年,他村里有人想把女儿许配给他,但算命先生说他"志业无心想,功名两不成",也就作罢。但衡阳的欧阳凝祉先生一眼看中了他,把女儿许配给他,也就是他的正室欧阳夫人。

他们生有二子五女,在曾国藩的教导下个个都能"学好"成才。长子曾纪泽精通英语,成为驻英、法、俄公使,在总理衙门任职。次子曾纪鸿,成为优秀的数学家,在对数理论、圆周率上造诣很深,他还较早地介绍了西方的电学理论。五女中,曾纪芬主持了上海工商界领袖聂家的恒丰纺织局产业,其子聂其杰出任上海总商会会长。长孙曾广钧,是晚清著名诗人,被梁启超称为"诗界八贤"之一。

次孙曾广铨担任过驻韩国大使，其子曾约农成为著名诗人、教育家。曾国华孙曾广绮，成为著名化学家，发明了无毒糖精；孙女婿吴永 1927 年担任了国务院秘书。曾国潢曾孙曾昭抡也是著名化学家，担任过北大和西南联大化学系主任。曾国藩曾孙女曾宝荪 1916 年获得伦敦大学理科学士学位，成为著名教育家。曾国潢曾孙女曾昭燏也成为著名诗人、文博学家，素有"当代李清照"之称。另曾国荃的曾孙女曾宪植是叶剑英元帅的夫人，新中国成立后，曾任全国妇联副主席。此外，曾纪官、曾广銮、曾宪森、曾宪文等都是相当优秀的人才。

曾国藩说："凡家道所以持久者，不恃一时之官爵，而恃长远之家规，不恃一二人之骤发，而恃大众之维持。"他的家族所有的成就，都离不开他的遗训对子女们产生的重大作用。

行动指南

曾国藩"齐家"的出发点和良苦用心，是非常值得管理者借鉴的。管理者要明确，产生"人人学好"约束力的，并非是留下来的权力、财富的荣耀，而是面向善，面向良，严格，克己，端正，好学，上进等正确的文化观。这也是泱泱国学留给当代管理者的一份宝贵遗产。

立德，倚天照海

第一周

星期一
畜德宜豫

涉世甚艰，畜德宜豫。

——《曾国藩日记·论修德立世》

> **【译文】**
> 面对的世事非常艰难，锻炼品德应该迅速准备起来。

笔 记

曾国藩认为："防身当若御虏，一跌则全军败没。爱身当如处子，一失则万事瓦裂。"就是说加强自身修养如同抵御敌军，一步失足则会全军覆没；爱惜自己如同处女守身，一时失贞则所有事情如同瓦片碎裂。这样一来，面临着世事的艰难，锻炼品德当然得迅速行动起来。

曾国藩早年交友甚广，以文会友，自然是一件非常愉快的事情。但很多文人不注重自己的品行修养，为人比较感性和放浪。曾国藩在与他们的交往中，受到了一定的影响，性格不容易沉下来，好争辩，比较浮躁，也容易发怒。他自己也产生了警觉，立志"重新做人"，便师从唐鉴、倭仁，学习了宋明理学，并很认真地下工夫学习，做了厚重的笔记，写下了大量的心得，使自己的品格在艰苦的学习锻炼中获得了提升。这些早年的作为，都为他日后完成巨大的事功积蓄了重要品德"资本"。

行动指南

做好事情的首要前提，就是不断提升自己的职业道德和职业修养。把自己放置在外界和内心的两重砧板上，不间断地加以锤炼。任何事情都要做好经受磨炼，吃苦耐劳，准备迎接艰难的准备，这样才能有备无患。

星期二

内刚外柔

立身之道，内刚外柔。

——《曾国藩文集·治兵语录》

> **【译文】**
> 立身的办法，就是内心刚直外表柔顺。

笔 记

曾国藩说过："立身之道，内刚外柔；肥家之道，上逊下顺。不和不可以接物，不严不可以驭下。"如何理解"内刚外柔"这四个字？曾国藩自己解释道："太柔则靡，太刚则折。刚非暴虐之谓也，强矫而已；柔非卑弱之谓也，谦退而已。该刚则刚，该柔则柔。"

咸丰十年，第二次鸦片战争，由于英法联军逼近京城，咸丰帝逃往热河，速令曾国藩派湘军大将鲍超驰援。曾国藩和太平军此时战事正酣，所有人都认为应该抽调人马北上勤王。只有李鸿章认为，英法联军已经到达京师，此刻派兵是一派空言，绝无可能击败列强，收复京师。与侵略军打交道，无非是"议和"。而造反的太平军才是心腹大患，因此要抗旨不遵，以保全湘军。他们还考虑到鲍超是湘军的大将，朝廷让他北上从而踏入了胜保的管带。胜保打仗无能，却非常嫉妒湘军战功，一定会按住鲍超不放。因此，曾国藩一"刚"，抗旨不遵，则湘军得以保全。

鲍超不理解局势，认为是曾国藩等不让他为国家社稷立功，心里不平。曾国藩就使用柔术，巧妙地请胡林翼说服鲍超，让他大为感动，从而更加忠心于湘军。

行动指南

凡涉及组织核心利益的地方，是实在之处，一定要"刚"，绝不含糊，绝不让步；而涉及人际、礼仪或者管理者个人"面子"、"威严"等地方，是务虚之处，不妨多一点"柔"，以构造和谐的氛围。

星期三

良心主宰

提出良心，自作主宰。

——《曾国藩日记·论良心自主》

【译文】

推崇良心，成为自己的主宰。

笔 记

中国最早着重提出"良心"一说的，是明代大儒王阳明。他首倡"良心"一说，指出良心并不只存在于道德圣贤之中，而是人人都应具备的优秀品质。曾国藩非常钦佩王阳明，也很用心于他的学说，故而说："提出良心，自作主宰，决不令为邪欲所胜，方是功夫。"

对于清廷而言，曾国藩的的确确做到了"提出良心"。在 1864 年前后，关于曾国藩拥兵自立和部下朋友纷纷劝进的传闻非常多。如盛传左宗棠曾写过一联试探曾国藩的心思："神所依凭，将在德矣，鼎之轻重，似可问焉。"又如胡林翼早在数年之前就问他："东南半壁无主，涤丈岂有意乎？"李元度则写给他一张纸条："王侯无种，帝王有真。"还有彭玉麟，一个标准的儒学士子，不爱权，不爱财，因曾国藩的诚意邀请而出山襄助的壮士，也出于诚心试探说："清室暗弱，涤丈是古今最符合贤德帝王标准的人，但为天下。"

而对于这些试探，曾国藩全凭一颗良心在思考，最后还是没有作出那种令很多人都难以抗拒的选择。以至于直到现在，还有历史学者为曾国藩不改换清廷而抱憾，认为他太迂腐，使得中国失去了一次提早开放改良的机会。

行动指南

　　管理者的良心，没有比对组织或企业事业负责更重大的了。如果没有这颗责任之心，也无从谈起主宰自己的事业，乃至自己的成败。推而广之，整个组织成员的责任心，都需要管理者加以塑造和培养，这样大家才能有同舟共济的凝聚感。

星期四

为善最乐

　　为善最乐，是不求人知。为恶最苦，是惟恐人知。

—— 清·申居郧《西岩赘语》

【译文】
　　做善事最快乐，不用希望别人知道。做坏事最痛苦，最怕别人知道。

笔　记

　　曾国藩说这句话，倒是很有切身体会。在湘军攻陷了天京之后，湘军的诸位将领中很多人当了巡抚、总督等高位。他们对自己的戎马生涯很是自负，认为有必要著书撰史，把一生的功劳记载到历史当中去。当时王闿运作为学者，还是很负盛名的，是所谓的"名士"。更主要的，王闿运和曾国藩以及湘军上下都打过交道，彼此很熟悉。于是，湘军的将领们就推举曾国藩的儿子曾纪泽邀请王闿运撰写一部湘军志。

　　王闿运是一个行为古怪的名士，却也是一个做事很认真的读书人。他欣然提笔，洋洋洒洒地写了十三万字的《湘军志》。由于认真，他把湘军所干过的那些屠城、诈降、侵扰百姓、搜刮金银等种种劣迹都秉实记录下来。此书一出，引得湘军人士的大怒。曾国荃看到书中把自己写成了一个贪得无厌的匹夫，更是气得嚷嚷要"宰了王闿运"。其实，王闿运早就想写这方面的书，并且在曾国藩在世时,就把自己的提纲给曾国藩过目过。据说,曾国藩看了那提纲,脸上红一阵白一阵,非常难堪,希望王闿运能够本着"为尊者讳"的善心,少揭自己黑底子。这也算是曾国藩知道为恶的苦,惟恐人知吧。

行动指南

在组织或者企业中,想要树立良好的口碑,就要实实在在地做出正面的功绩或者表率来。不为恶,更不要抱着侥幸心理,认为恶可以无人知。

星期五
静在心,不在境

静在心,不在境。

——《曾国藩家书·致友郭嵩焘书》

【译文】
安静在于内心,而不在于环境。

笔 记

咸丰七年初,曾国藩的父亲曾麟书病故。久困江西的曾国藩上书咸丰皇帝,要求回家守孝三年。咸丰皇帝一开始不允许,曾国藩趁机向他伸手要权。一怒之下,咸丰皇帝批准了他回家守孝的"丁忧"之请。曾国藩也就度过了率领湘军、甚至做官以来,生活最为平静的一段光阴。但这段光阴正如他所说的:"人心能静,虽万变纷纭亦澄然无事。不静则燕居闲暇,亦憧憧亦靡宁。静在心,不在境。"

人的内心若能安静下来,就算是变化纷纭也透彻无事;若不能安静,就算闲暇状态,也惴惴不安。闲在家中无事的曾国藩,此刻最能体会"安静在于内心,不在于环境"的意味。他是没有一天能过上真正清闲的日子,不是在遥控指挥着局势,就是在反省、检视着自己的毛病过错。湘军私属武装的建制方式,在这时特性发挥得非常彻底,没有人能指挥得动他一手创办的湘军。在清廷无力推动战局的状况下,曾国藩重新出山是必然的。

行动指南

竞争总是激烈的,而市场环境竞争尤为激烈。管理者当慎重考虑一下,如何给员工营造一个能心静的环境:合理的薪酬、内部公平的环境、全面的保障体系,等等。管理者不在这方面做事,则不要一味要求员工能静心做事。

第二周

富贵不佳

富贵气太重，亦非佳象。

——《曾国藩家书·致父母诸弟书》

【译文】

身上富贵气太重，不是什么好现象。

笔　记

曾国藩看人向来很准，这是他基于平生临事的积累与修养。曾国藩自己是从学习程朱理学开始的，但他却知道理学家们不成器，绝不因私恩而偏袒自己的师长，比如他说倭仁："朝中有特立之操者尚推倭艮峰（仁），然才薄识短。艮相（即倭仁）老成宿望，近年势颇孤立。"即便是朝廷中掌权者，他也实事求是地评价。他应诏进京，跟当时主事的两宫太后有几次谈话，他认为慈安和慈禧两名太后聪明有点，但才地都很平常，而当时掌握时局的军机大臣有亲王奕䜣、文祥、宝均，奕䜣太过聪明，想法太过多变，是小聪明；文祥为人正派，却气量狭隘；宝均更提不起来，完全是一个花花公子。

所有这些人，在曾国藩看来，最大的毛病，就是富贵气太重，根本没有处理事务的头脑、心胸和挽回大局的苦心与勤奋。所谓"富贵气"太重，用今天的眼光来看，倒不一定是多奢侈，而是比较以自我为中心，享乐为先，吃不了苦，耐不住烦。一个管理者可能是依能力而受命的，但要管理别人，首先要注重自我管理。所有自己力所能及的事情，都要自己做，那些开头的工作，一定要身体力行。在小事中磨炼自己的心志，才能在大事中抵御得住侵扰，把握得住方向。

行动指南

管理者要戒"富贵气"，富贵气助长骄气，使人懒惰、无知、蛮横、官僚气重，最后一无是处。

星期二
不论人短

说人之短，乃护己之短。

——《曾国藩家书·致子纪泽、纪鸿书》

【译文】
一味地说别人的短处，其实是护着自己的短处。

笔　记

曾国藩的原话是："说人之短，乃护己之短。夸己之长，乃忌人之长。皆由存心不厚，识量太狭耳。能去此弊，可以进德，可以远怨。"也就是说，说别人的短，就是护自己的短。夸耀自己的长处，就是嫉妒别人的长处。这些都是心地不够厚道、见识和气量都很狭隘导致的。能改变这些毛病，就能提升道德修养，就可以远离怨恨了。

他的这段话，非常深刻地揭露出人们日常中一些小节中蕴含的问题。常言道，"说人不揭短"，喜欢把别人短处拿出来说的，当然不是个厚道人。曾国藩得到这个体悟，来自一个小故事。据说左宗棠有次为小妾洗脚，被曾国藩知道了，他就在众人面前和左宗棠开玩笑说："为如夫人洗脚。"不料左宗棠反应非常快，他当即反唇相讥道："赐同进士出身。"曾国藩立即下不来台了。因为他科考那年上京殿试落了榜，恰巧太后大寿，皇帝特准放了一次恩科。恩科考试相当于皇帝赏赐的进士出身，只能被称为"同进士出身"。在这次恩科考试中，曾国藩就获得了一个"同进士出身"，进入了翰林院供职。用现代的话来讲，曾国藩的学历不太硬,相当于碰运气碰来的。以彼之短还治彼身,左宗棠这巧妙的一对,让曾国藩羞愧之中深有体会,对"揭人短,忌人长"的看法更心中有数了,以后的言辞更加谨慎。

行动指南

　　管理者要行使批评和校正组织工作与纪律的职责,但要局限在具体事务和规范准则的范围内,没有规范准则的事务出了问题,要细细研究组织行为的有效性途径。所有这些都要对事不对人。管理者居厚不居薄,居理不居气,都是对自身和组织的充分保护和提升。

星期三
去心中贼难

　　去山中贼易,去心中贼难。

——明·王阳明《传习录》

> 【译文】
> 　　驱赶掉山中的贼寇容易,驱赶掉心中的贼寇很难。

笔 记

　　曾国藩攻陷天京后,北上"剿捻"时遇到了一个棘手的部将,陈国瑞。此人原是太平军的将领,后叛逃至僧格林沁麾下。当曾国藩带着淮军的刘铭传部进驻山东济宁时,他自然成为曾国藩的部下。

　　陈国瑞是山贼出身,为人鲁莽,匪气很重。但他骁勇善战,能打硬仗,是不可多得的将才。刘铭传先是李鸿章的部将,他的部队用的多是西洋的火枪。陈国瑞眼红他的装备,派出人马打劫刘铭传部队,劫来了上百条的步枪。刘铭传一怒之下,待入夜劫陈国瑞驻营,夺回了火枪不说,还痛打了陈国瑞一顿。此事闹得大了,两人都到曾国藩面前对峙。曾国藩对这类的降将有自己的定夺,他说:"剖明是非,凡渠部牟勇有与百姓争讼,而适在吾辈辖撞,及来诉告者,必当剖决曲直,毫不假借,请其严加惩治。"就是一旦有问题,必然要严加惩处。他采用恩威并施的办法,从重处罚了陈国瑞,使这个匪气很重的将领俯首帖耳。

曾国藩之所以如此,因为他认定,"去山中贼易,去心中贼难"。一旦此人能犯此类问题,如果他不自居,一定会再犯。这就是现代管理学上所谓的"如有纰漏,必出问题"定律。

笔 记

管理者应该有一种道德的警觉,发现自己或者某个人有品质的缺陷,就时刻加以防备,因为这个缺陷肯定会导致某些错误。应该在问题发生的第一刻,意识到位,加以控制。

星期四
好饰作非

好饰者,作非之渐。偏听者,启争之端。

——清·申居郧《西岩赘语》

【译文】
喜欢夸饰的人,是胡作非为的开始。偏听偏信的人,是挑起争端的开始。

笔 记

还说陈国瑞和刘铭传的那段纠纷。陈国瑞虽然鲁莽,但不是个没有头脑的人。陈国瑞为人不坏,在变节的太平军将领中,算得上是个有品质的人,不好色也不贪财,有勇有谋。当初僧格林沁带兵,很轻慢部下,动辄鞭打,甚至处死。只有陈国瑞敢跟这位蒙古亲王顶牛,也深得僧格林沁的喜爱。他之所以敢于抢夺刘铭传的枪械,完全是听信了部下的夸饰之言,把洋枪的效用说得天花乱坠。他被部将说得心动了,想到与刘铭传并不和洽,便用抢劫的办法夺人枪械。

曾国藩处理这件事的时候,早有刘铭传向他打小报告在先,把陈国瑞说得如土匪一般。曾国藩把陈国瑞叫来询问的时候,并没有偏听偏信。他也听出了刘铭传以淮军王牌自诩,存在着恃才傲物的毛病,看不起陈国瑞也罢了,还时不时地纵容部下挑衅侮辱陈军。因此,陈国瑞对此并不是十分苛责。不过,陈国瑞还是咽不下一口气,趁着刘铭传部队移防的时候,偷袭他们,制造事端。这一次,曾国藩真不偏不倚了,他拿陈国瑞是问,历数了他打劫民众、侵扰地方官员、侮辱高邮县令等多次"匪徒"行径,并要将他送到新疆充军。恩威之下,陈国瑞不得不认错认罪,再也不敢挑起事端了。

笔 记

平静地面对带有夸饰性质的话,本着清楚明白的立场,看得透花言巧语,摆得正自身位置,这是一种上德。

星期五
师友挟持

师友挟持,虽懦夫亦有立志。

——《曾国藩家书·致弟曾国荃》

【译文】
有老师和朋友的扶持,就算是懦弱的人,也能立志干一番事业。

笔 记

刘铭传,安徽人,依靠创办团练起家,是李鸿章一手挖掘和提拔的部将,也是淮军一员彪悍的将领。在平息了太平天国军之后,他曾率领部属进驻台湾,成为台湾第一任的巡抚,在治理台湾,抵御法国、日本侵略者对台湾的侵扰中发挥过重要的历史作用。

刘铭传性格磊落,为人很有大将风度。相传,他受李鸿章举荐,第一次晋见曾国藩的时候，曾国藩正在午睡，近侍没有立即叫他。刘铭传和同去的三位将领一起等了一个时辰，他坐不住了，拍案嚷道："若是战时有要事相报，岂不误了大事？"他说的时候，正好曾国藩神清气爽地出来。当然，曾国藩没有生气，他事后和李鸿章说，刘铭传言谈磊落，直爽仗义，一定是个很优秀的将才。李鸿章听言，知道曾国藩看上了刘铭传的将才，自然格外重视刘铭传。不久，出于平定捻军起义的需要，李鸿章就索性把刘铭传派到了曾国藩身边，充任他的亲兵。在曾国藩的言传身教之下，刘铭传成长得格外顺利，很快就建功立业。

笔 记

尊敬师长、坦诚待友，这种品德要源自一个人追求"人和"的愿望。只有人和了，事业才能左右逢源，一帆风顺。

星 期 一

不落北风

宁可枝头抱香死,何曾吹落北风中。

——南宋·郑思肖《题菊花画诗》

【译文】

　　宁愿在枝头拥着芳香枯死,哪里能被北风吹落呢。

笔 记

　　曾国藩生前很爱这两句诗,在日记和幕僚的交谈中多次引用过。曾国藩死后的谥号叫做"文正",整个清朝谥号"文正"的人只有三个。用"文"要求必须是翰林出身,用"正"要求必须道德品质能够作为示范。但随着他的死去,很多人对他诟病很深,著名革命家章太炎说:"誉之则为圣相,谳之则为元凶。"

　　李鸿章有意一生追随着老师的事业,但他也知道自己必然会和老师一样,死后背着一生的争议。他强烈地提出了"外须和戎,内须变法"的主张,但随着戊戌变法的失败,和清政府腐朽的日益加深,他的种种努力都无济于事。1901 年,李鸿章在"老来失计亲虎豹"的悲愤中病逝。据说,他死时双目犹炯炯不瞑,弥留之际,老泪纵横,留下遗诗:"劳劳车马未离鞍,临事方知一死难。三百年来伤国步,八千里外吊民残。秋风宝剑孤臣泪,落日旌旗大将坛。海内尘氛犹未靖,诸君莫做等闲看。"李鸿章死后 10 年,他为之操持一生的大清王朝也随之灭亡。

笔 记

　　管理者对待职业道德,确实需要一点"宁可枝头抱香死,何曾吹落北风中"的求洁的精神,有了这种清高做底气,就会不断净化自己的内在品质,使得自己看待事务的眼光更清晰、更不被自己或者组织一时的利益诉求所左右,能够定而成事。

星期二
进德修业

> 吾辈读书,只有两件事,一者进德之事,一者修业之事。
>
> ——《曾国藩家书·致诸弟书》

【译文】

我们读书,只为了两件事情:一个是提高自己的道德修养,一个是促进自己的事业。

笔 记

在"修德"篇的最后,重新提一下曾国藩关于读书目的的态度。作为标准的儒家信徒,曾国藩对儒家思想是真信、真懂和真能运用的。

很多人诟病曾国藩为人虚伪、阴险、圆滑,甚至包括咸丰皇帝和慈禧太后都这么认为。但通读他的奏折、书信和日记,我们可以清晰地触摸到他最真实的一面。他对于任何问题的看法和针对任何人的评价,无论从现实言论,还是他的书信、日记,都完全一致。因此,他的言行是一致的,道德修养也完全可靠。

曾国藩没有把"升官发财"视为读书上进的目标,也很反感"书中自有黄金屋,书中自有颜如玉"的说法。即使他当了官,家里人也提出"不靠曾国藩发财"。而他的"修业",就是"事功",则更能证明这点。曾国藩平定太平天国后,本来可以平平稳稳地做个太平宰相,而他不辞劳苦,主动挺身处理"天津教案",为中外纠纷的解决树立了良好榜样;更重要的,他主动协调创办"洋务"。也只有读书读到一定"迂腐"的程度,才能把自己在复杂环境中搅乱的内心变得澄明、单纯,回归到本来的愿望上,为中华的发展做出努力。

牢记读书的两个初衷：提升自己，从而提升所管理的组织的内在品质；真实有效地促进事业的发展。就凭此两点，从而明了读书绝非"无用"。

星期三
不可无缺陷

人不可无缺陷。

——《曾国藩家书·致诸弟书》

【译文】
　　人不可以一点缺陷都没有。

笔　记

　　曾国藩向来强调"花未全开月未圆"，就是对人生抱着一种求缺的态度。对于这种求缺，并非是什么老谋深算的姿态，而是一位智者经历了艰苦、沉浮和求索，一个最大的心得。认识到生命本身是不完美的，任何事态也是不完美的，而最完美的状态莫过于最接近于完美的那种缺憾。

　　曾国藩非常反对那种刻意求全的人生态度，因为他知道一方面是徒劳无功，另一方面则是达到极盛必然带来的衰败，一枝独秀，也一枝独寒。这就是他为何在攻取天京、湘军势力达到顶峰的时候，未听信众将的进言，不北上攻取北京改朝换代的原因。在处世方面，他也是竭尽所能地周旋，但并不刻意把自己打扮成一个"圣人"。即使面对史料记载，他也不很注重自我形象的塑造，也不掩饰他所犯下的种种过错，因为人不可以一点缺陷都没有。如果没有，那就是神了，而神化当中的人，是最容易给国家和民族以极大的误导的，其危害不可估量。

行动指南

管理者常常会犯错误,在组织或者企业发展的初级阶段,这种错误一般表现为一个常规的、技术性的小错误。当这些触手能及的小错误都被克服之后,管理者更容易轻信自己的成功能力和经验,犯下战略性的大错误。抱定"人不可无缺点"的信念,保持谦虚和清醒,正视自己的不足,避免出现大错误,这就是另外的一种完美。

星期四

勿小弃大

勿以小恶弃人大美,勿以小怨忘人大恩。

——清·申居郧《西岩赘语》

【译文】
　　不要以小问题抛弃别人的大优点,不要以小怨恨忘记别人的大恩。

笔 记

　　进入仕途以后,曾国藩一生交到的人物,都是些掌握着生杀予夺大权的人。无论是皇帝、权臣、太后、同僚还是太平天国军、西方侵略者。在烽火刀尖立足的人,往往内心容易犯不宽容的毛病。

　　曾国藩原先也是如此,他在湖南"赤地立军"的时候,为了震慑民心,通过非公正的司法程序,一个月之内杀了三百多个"通匪嫌疑",甚至提出了"宁枉杀千人,不放过一个"这样极端的口号,落得个"曾剃头"的骂名。等经历了血海尸山、苦苦运筹的战争,他的内心变得宽阔许多。他调任直隶总督的时候,时任的两江总督马新贻被仇家所刺杀,就是赫赫有名的"刺马案"。清廷派他去审查这件案子,审查结果虽然案件隐隐牵涉到太平天国军余部的问题,但曾国藩并没有因此像早年那样大做文章,而只是惩处了刺客本人。这种心胸,是他真正体味到做事难，做人难，特别在政治腐败的清政府统治之下体会生命维艰后才具备的。因此，他益发清楚，当人能够和睦待己，便是有大美，能够出手帮助自己，便是有大恩，这些都不能因小恶和小怨而忽略。

行动指南

能看清人的优点，领会别人对自己的帮助，也需要一种能力。努力培养出这种能力来，就会和自己事业的成功紧紧相伴。

星期五
治世大德

治世以大德，不以小惠。

——《曾国藩文集·奏折》

【译文】
治世道要用大德，不要只施加小恩惠。

笔 记

身为政治家的曾国藩，并没有系统地阐述过自己的政治思想和纲领。他所提出的政治策略和见解，都分散在他的奏折、日记和信件当中。

其中，"治世以大德，不以小惠"，正如他的外交思想"记大德，忘小怨"，以及他临终留给李鸿章等人的"国家不测，东南自保"遗策一样，微言大义，但非常有作用。第二次鸦片战争失败，英法联军占领了京师，火烧了圆明园。曾国藩认为，之所以败得如此惨，是因为兵器不行，从而更坚定了顶住一切压力办好洋务的决心。他创办了安庆军械所，在李善兰、华衡芳、徐寿的努力下，造出了中国第一台蒸汽机、第一艘机械轮船。

但他不满足于此，在湘军急需军饷的时候，曾国藩拨出了六万多两银子给容闳，请他到美国采购机器。这些机器一回来，就交给李鸿章到上海购买美国人在华的工厂，创办江南制造局。曾国藩担任两江总督后，亲自处理江南制造局事务，他不但给制造局提供充沛的资金，还在其中设立翻译馆，培养翻译人才，建立"司道"大员经理厂务（相当于现在的市长做厂长）的制度，甚至一度要求担任湖广总督的李鸿章亲自主持江南制造局事务。这一套做法被主政福建的左宗棠给学了去，他也创办了福州船政局和船政学堂，并邀请了身为巡抚的沈葆桢来主持这项工作。中国近代的工业化就这样在曾国藩"谋大德"的指导思想下展开了。

行动指南

善于用大德，立足点要高，眼光要大，胸中要存有整个组织更大的利益。凡是能更具战略性、长期性和远瞻性的事务，都要不计眼前、短期利益地放手去做，你的功绩会和事功一起被呈现和铭记的。

第四周

记大德、忘小怨

记大德,忘小怨。

——《曾国藩家书·致李鸿章书》

【译文】
记住大的恩德,忘掉小的纷争。

笔 记

在曾国藩所生活的时代,西方的大国正在崛起,极其富有侵略性,而古老的中国却正在走向一个没落的时代。正如曾国藩的门生李鸿章所说的:"数千年未有之奇局也。"在这个"奇局"中,"洋人"起初是中国不以为然的小"疾",随着中外一连串战争的爆发,逐步变成了一个大"患"。当时的中国人,盲目排外者占大多数,他们对西方殖民者以及西方文化有基于爱国情愫的抵抗,也有一种近乎排异本能的排斥。

曾国藩是中国知识分子中第一个走向近代化实践的人。早于他的林则徐和魏源等一辈知识分子,提出"师夷长技以制夷"的想法,在他手中变成了实实在在的行动和成效。而中国近现代意义上的外交工作,也是在曾氏的文官集团手中得以开展。针对前所未有的外交形势,曾国藩提出了"记大德,忘小怨"的原则,他认为洋人到中国来,虽然态度很强硬,但不过是为了牟利。他们在冲击着中国古老的秩序的同时,也给中国带来了西方的科学和技术。外国人的牟利行为,有着很可耻的侵略性一面,但终究是"小怨",而中国可以通过他们的行为引进西方的技术。"采西气,补东气",用西方的精神来弥补中国处于文化末世的内在精神之不足,这是很大的"德"。应该看到这个"大德",才能以采取恰当的姿态和西方人打交道。

"记大德"，要有宏观的眼光，但能不能看得更远，是对每个管理者的考验。实施战略化思考，并非只建立在胆魄和激情的基础上，而应以扎实的学习和研究养成的眼光，得出最靠谱的结论；"忘小怨"要我们有宽阔的心胸，认识到同在共赢的可能性，自我总是有缺陷的，竞争可以时刻帮助克服自我的惰性，可以让我们"像竞争对手一样思考"，让我们能代表整个行业进行思考。

星期二
圣贤慎小

圣贤成大事者，皆从战战兢兢之心来。

——《曾国藩家书·致子纪泽、纪鸿书》

【译文】
作为一个能成大事的圣贤，都是从一片战战兢兢的心胸中得来的。

笔　记

我们已经无数次提到过曾国藩所提倡的"战战兢兢之心"，提及他说主张的"敬畏"、"谨慎"之心。

与西方传统文化相比，中国传统文化里缺失对无限未知的"敬畏"。但中国人不是不讲敬畏，尤其是那些有知有识的"圣贤"还特别充满"敬畏"，对一些自己无法掌控的事物持有一颗"战战兢兢"的心。因此，同样干出了轰轰烈烈的事情，曾国藩不会像他的敌手洪秀全、杨秀清那样，一旦进入南京城就贪图享受，只顾逍遥自在，却不顾自己事业的死活。

洪秀全成为"天王"后，比清朝统治的腐败有过之无不及，掳掠了妻妾上百人，日日花天酒地。而曾国藩生活克勤克俭，攻陷了天京，立下了大功，按照咸丰皇帝的遗嘱"取金陵者为王"，理应封为王，但只获得侯爵，也安之若素，并不像曾国荃那样念念于赏赐而抑郁得病。这都因其"战战兢兢之心"中存有敬畏,又因其敬畏,方能使得生命有更高更宽广的修养,拥有更清晰而有内在的力量,不至于在欲望的泥沼中陷入混乱。

行动指南

常怀战战兢兢之心是一个很高的道德境界,认识到自己个体的有限和世事的无限,认识到成功的艰难和人生的短暂,就会更自重自爱,更能真正干成自己想干好的事业。

星期三
勤则难朽

勤则难朽,逸则易坏。

——《曾国藩文集·劝诫浅语十六条》

【译文】
勤奋就难以朽坏,安逸就容易毁坏。

笔 记

曾国藩经常反复强调一个"勤"字。他认定古训所谓的"立功、立言、立德"三不朽并非常人无法企及的境界,立功就是要勤于做事,立言就是要勤于思考与书写,立德则是要勤于自我反省。在《劝诫浅语十六条》中,曾国藩提到"勤则难朽、逸则易坏",还阐述道:"勤之道有五:一曰身勤,二曰眼勤,三曰手勤,四曰口勤,五曰心勤。"就是要多亲身临事,多加以观察,多记录,多规劝讲解,多用心思考。

本书最后"立德"篇,再次阐述曾国藩的"勤之道",无非是说明曾氏的哲思核心。大道至简,因为去做事才可能立功,在做事过程中获得体味才会记录下来实现立言,而也因为做事和写作的双重锤炼,才有可能实现对自己内在修养的不断提升,从而能实现"立德"。立德,并非是做给别人去看的,而恰恰最有价值的,是使得自己获得在这苍茫世界中的正确位置。这一切的基础，正如曾国藩自己所谓，在于一个"勤"字，舍开此道，别无他法。当纷纷纭纭的论述回复到最初的位置上，我们即使身为现代社会中人，也同样能够领会到其中的奥义。

行动指南

勤勉是美德，有头脑、有目标、有理想的勤勉更是一种上乘的美德。管理者能够掌握这种美德，比掌握各种机灵的手段更有裨益于自己的长足发展和基业长青。

星期四
万物一体

知天地万物于一体，则能爱矣。

——《曾国藩文集·治心经》

【译文】
了解到天地万物本来自于一体，就会有大爱之心。

笔 记

这句话，是曾国藩在研读佛道儒诸家学说之后，所获得的高超感悟。中国古典哲学非常推崇天人合一、天地合德的境界。这种境界与其说是得自于理智的、明晰的判断，不如说是超越了理性，用心叩问世界所获得美感的超越。人作为独立的个体，自身的力量是有限的。但作为天地万物中的一员，则能够随着天地自在地生活与发展。那种倡导人和世界对立的思想，容易让人失去对外界的仁爱之心，从而失掉了善，导致人自我的分裂与对抗。

曾国藩到了晚年，就很少提及经世致用的学问，而对老子和庄子的学说非常称道。他常常把庄子"天地有大美而不言"这句话放在嘴边，加以赞叹。"爱"的确是要建立在"知"的基础之上，知也要不断提升境界才能有所升华。曾国藩的一生,经历过荣耀,更多的则是在艰难困苦中的摸索,甚至多次面临着生命的崩溃。艰难困苦、玉汝于成,只有将心智、情操、道德经过如此的历练,才能将自己的事业带入到一个"倚天照海花无数"的境界,才会萌生大爱之心。

管理者要明了,自己和自己所领导、管理的企业、组织等是一体同在的。只有把自己的思想、内心完全融入到自己的管理事业中,真正地热爱自己的事业,才能领悟到其中一体无痕的境界。大处的融合会带来小处的关心和在意,会对事务、对员工有一种发自内心的热爱、尊重与感恩。

行动指南

要做一流的管理者,胸中必须要有大爱。

星期五
倚天照海

倚天照海花无数,流水高山心自知。

——《曾国藩文集·诗集》

> 【译文】
> 像太阳凭倚着天空升起来,光芒照射在海面之上;像流水高山的曲子,只要流淌出来,就会有知音能感知到。

笔 记

曾国藩已经成功地攻陷了太平天国的天京。经过十年的艰苦战斗,把轰轰烈烈的太平天国起义给镇压下去了,对于他本人来说,这是立下了大事功的重要一仗。功劳大了,荣耀也大,自然成为举国关注的焦点。这个焦点最重大的关节,就是曾国藩有没有可能趁势挥师北上,取清政府而代之。因为清政府的腐败、无能和保守已经是天下皆知的。而曾国藩麾下的十万湘军战斗力之强,也是天下皆知的。强弱博弈,历史的关键全系于一个人的抉择了。

有大量的部将、同僚、朋友、门生甚至其弟弟,用各种方式劝说曾国藩起兵伐清,夺取天下。在这种情况下,曾国藩面临着人生最重大的一次抉择。这种抉择,也是对他多年来自我道德期许的重大考验。他反复考虑,用这两句诗回答了所有劝说他夺取最高权力的人们。他在诗中自叙道:"我倚天照海花无数,流水高山心自知。"最终,曾国藩选择了自剪羽翼,解散了十万湘军,让国家和民众避免再在战争和改朝换代的泥沼中备受煎熬。

曾国藩的这一抉择是一个人凭借知识、德行和实践的修养能战胜自己内心欲望的最高端,从而真正有利于整个国家和文明的和平与发展。

行动指南

对于任何一个管理者而言,决定事业命运的重大决策不会有很多次,面临这样的情况时,我们又能从曾国藩身上学习什么呢?

首先,无论多大的诱惑,始终要将其看成是一种对自我的考验,而不能看做一种貌似唾手可得的实惠。无论何时,权衡利弊都是管理智慧的体现。非自己通过努力追求的利益,绝不能染指。

其次,越是重大的抉择,就越要谨慎,要本着以善为本、以人为本的原则做出决定。所谓以善为本,就是要尽可能多地考虑自己的这一决策是否能够给更多的人带来利益。

最后一点,真正高明的选择,经过艰难的思考和反复的推敲,最终会达到真善美的统一。管理者从最后的选择中获得的不是痛惜、痛苦和煎熬,而是一种高度的愉悦。

主要参考书目

［1］曾国藩：《曾国藩家书》，上海辞书出版社 2007 年.

［2］曾国藩：《曾国藩日记》，宗教文化出版社 1999 年.

［3］曾国藩：《曾国藩全集》，北京燕山出版社 2008 年.

［4］清史稿·卷四百五 列传一百九十二·曾国藩列传.

［5］邵雨：《决胜未来——企业永续发展的领导力模型》，机械工业出版社 2008 年.

［6］杰克·韦尔奇、苏西·韦尔奇：《赢》，余江、玉书译，中信出版社 2005 年.

［7］彼得·德鲁克：《卓有成效的管理》，许是祥译，机械工业出版社 2008 年.

［8］茅海建：《天朝的崩溃》，生活·读书·新知三联书店 2005 年.

［9］钱穆：《国史大纲》，商务印书馆 1996 年.

［10］冯友兰：《中国哲学简史》，商务印书馆 1996 年.

［11］唐德刚：《晚清七十年》，岳麓书社 1999 年.

图书在版编目(CIP)数据

曾国藩管理日志/陶林编著.—杭州：浙江大学出版
社，2011.1

ISBN 978-7-308-08309-6

Ⅰ.①曾… Ⅱ.①陶… Ⅲ.①曾国藩(1811～1872)—管理
学—研究 Ⅳ.①C93

中国版本图书馆 CIP 数据核字（2010）第 260843 号

曾国藩管理日志

陶　林　编著

策　划　者	蓝狮子财经出版中心
责任编辑	王长刚
文字编辑	曲　静
出版发行	浙江大学出版社
	（杭州市天目山路 148 号　邮政编码 310007）
	（网址：http://www.zjupress.com）
排　　版	杭州大漠照排印刷有限公司
印　　刷	杭州杭新印务有限公司
开　　本	710mm×1000mm　1/16
印　　张	20
字　　数	347 千
版印次	2011 年 1 月第 1 版　2011 年 1 月第 1 次印刷
书　　号	ISBN 978-7-308-08309-6
定　　价	42.00 元